張昭鼎的一生

李遠哲最敬愛的朋友

林銘亮 著

【序一】

在艱困中追求理想的昭鼎兄

李遠哲

二十年前當我驚聞昭鼎兄辭世的消息後，我曾寫了一篇〈該也是回家的時候了〉，回憶與昭鼎兄的交往與我所知道有關昭鼎兄的一些事，刊登在《中國時報》上。一轉眼二十年的歲月便這樣消逝了。

最近林銘亮先生在張昭鼎基金會的董事、顧問以及一些親友的鼓勵下，經過深入的探索與訪問，完成了這一本《變動時代的知識份子—張昭鼎教授的一生》，詳細地敘述了昭鼎兄成長的過程、學術研究、對社會的關懷與理想的實踐。這本書不但能夠讓讀者瞭解昭鼎兄的一生，也可以讓讀者瞭解到二次世界大戰結束後，變動年代中臺灣社會的轉變與懷抱著熱血的知識份子的奮鬥與掙扎。

這本書最後一章談到的一些事，尤其是「推廣科學教育以帶動社會進步」這一項，在他的親朋好友成立張昭鼎紀念基金會之後，一直有很好的推動。三年前開始籌辦的「居禮夫人高中化學營」，更把張昭鼎紀念基金會帶到更高的階層。昭鼎兄該會高興看到最近社會大眾對追求環保正義的覺醒與展示的力量。但對臺灣的民主化的未能順利推廣，尤其是政府不能充分重視人民的利益與聽取人民的心聲，該會感到有些失望，也會像我一樣對「迷航在世界亂流中的臺灣」感到憂心。

這本書將會對正在努力探求人生意義的年輕人有很大的助益與鼓舞，也將對想瞭解二十世紀下半葉之臺灣科技、教育發展的人們提供可貴的資料。如果大家一起共同努力，我們的社會是可以改變的。昭鼎兄確是一位很好的典範。

我把〈該也是回家的時候了〉這篇文章附於此，表達對昭鼎兄的懷念，尊敬與不捨。

【附錄】該也是回家的時候了

四月二十五日星期五晚上，我帶著幾分疲憊從東部飛抵奧克蘭機場時已是十點十分。在濛濛細雨中到機場接我的錦麗也似乎格外沈默，回家路上我一直述說著這一星期來的所見所聞與旅途的感想，也照往例先繞道到加州大學的辦公辦室料理一些急待處理的一些事，在一大堆傳真中看到了幾張昭鼎兄有關中研院原子與分子科學研究所的中文信，在信紙的右上角寫著「星期五晚上再打電話給你」。回到家裡稍事休息之後，一眼看時鐘快報午夜十二點鐘，心想那該是昭鼎給我電話的時候了，忽然坐在對面的錦麗輕聲說道：「遠哲，我有一個很不好的消息要告訴你，昭鼎兄今晨與世長辭了。」這句話，像雷電的衝擊，我頓時情不自禁地用手掩住臉，隨著兩道熱淚，墜入百丈深淵。他不該這麼早就走，也怎麼不先告聲別便悄悄地仙逝呢。他不是在等著有一天我也回去為台灣的科學與教育共同努力？我們怎麼沒有能好好保護他？

無數的往事映入腦海。

求學生涯中的好夥伴

一九五五年秋，我帶著無比的興奮走入台大之門後，首先認識的異鄉人便是張昭鼎、張隆鼎兩兄弟，從台南來的隆鼎與我同屆，是那年聯考丙組的狀元，高我們兩屆的昭鼎是化學系大三的學生，也許是那股不願同流合污的傻勁與對人類社會崇高的理想，我們很快地便成為志同道合的好朋友。隆鼎、比我年長兩個月的堂兄遠輝與我便成為台大四年裡同寢室共同生活的難兄難弟。

昭鼎、隆鼎在台大的日子完全由家教的收入維持，他們幼年失怙，母親把幼小的末雄讓楊家領養，把隆鼎留在身邊，剛初中畢業的昭鼎便隻身到台北開始獨立謀生的日子，幸運地在台大法學院覓得一個工友的職位，下班後晚上便上夜校唸高中，這一段餓體膚、磨心志的辛苦歲月，從來沒向他的朋友們提起過，如果不是隆鼎告訴我他們兄弟過去的種種事，我是怎麼也想不到這位面帶笑容、堅定、和藹、善良的昭鼎，是當年曾經在領薪水的前幾天，常因囊空如洗而好幾天餓著肚皮，也不願求助於人的有志之士。

雖然他不願多談他自己，但是他卻常津津樂道他母親是台灣早期起義抗清的「鴨母王」朱一貴的後裔，他的血液裡確有那股喜歡打抱不平，敢於反抗壓迫的勇氣，平時喜交朋友與鄰近的群眾打成一片的昭鼎，不也就是朱一貴的寫照？與他非常接近的人常喜以「鴨母」稱呼他，我們這樣叫他，他總會給我溫暖而會心的一笑。

在我求學的生涯裡，昭鼎曾給我非常深遠的影響，他不但是一位值得學習的學長與深交的朋友，而且確也是我啟蒙的老師，是他指點了我為了要成為優秀的物理化學家，一定要在熱力學、量子力學、電磁學、統計力學打好基礎，要成為一位實驗科學家也該學好電子學等事，還記得大一的暑假為了想與昭鼎一起學好熱力學，我曾經待在台大第八宿舍而沒有回家，我們找了一本 Lewis and Randall 熱力學的原版書，便興致勃勃地開始輪講，那年暑假我們學了很多，但是當我們碰到怎麼也不能了解的難題時，也也找不到高人指點，幾位教授也只能告訴我們，我們還年輕，不必急於懂得這麼多，但是我們卻知道，如果不努力探求，歲月的增長並不會使我們更聰明。

我大四跟鄭華生老師從事學士論文的研究也多少是受了昭鼎的影響。他說服了我與其跟一位成名的教授做老的課題，不如跟一位年輕的老師探討新的領域，把妻小留在新竹老家，而在台大化學系當講師的鄭華生老師，除了週末回家團聚外，平日與我們日夜相處共同奮鬥的日子，卻也是非常難忘的。

當我大學畢業考入清華大學原子科學研究所時，昭鼎已在清大獲取碩士學位，到日本東海村的「原子力研究所」進修。

有一天，我接到他的信，信中說日本八個月的訓練便要結束，不久便能回國，希望我能到基隆碼頭接他。他信裡似乎有些不安地提到，他並不願意讓我放下學習與研究專程到基隆接他，但是他是有些擔心，他在東京對政府批評的言論與廣泛的交友，是否會有人打報告而遭受到一上岸便被逮捕的下場。

我在高中時曾看過同班同學無辜被捕，幾年後被放行時已變得神經錯亂，只希望這種事不會發生在這位我敬重的學長。

攜手研究，偷閒爬山

昭鼎回國後的兩年間，我們在清大的原子科學研究所，曾有過非常快樂的日子，我們沈醉於科學的研究。北投石的化學結構與所含天然放射性同位素的分析，與後來在葉錫鎔教授提議下利用台大醫學院鈷－60珈瑪射線（γ－ray）做的有關高分子的放射交鏈的研究，曾經廢寢忘食地共同埋頭苦幹過，在忙碌的日子裡，我們曾有一次偷閒登爬高山，昭鼎帶頭辦好了必須的手續，連同比我高一班的物理的鄭文魁、陳瑞梧與我四人，從竹東乘坐林場的卡車前往鹿場山爬山，盡情欣賞台灣中央山脈的美景後，我們便在接近山頂的林場工作站過夜。

昭鼎對於陌生人總能一見如故，看到招呼我們的一位壯健的站長，不但彬彬有禮地感謝他的幫忙，也稱讚他這麼年輕就能夠有這麼好的成就成為工作站的站長。那時我還取笑他，明明比那位站長年輕很多，卻如此「倚老賣老」。不過曾經刻苦奮鬥過來，經過一番磨練與考驗的昭鼎，在年輕活潑的臉孔上，總會浮現出他那特有的信心與老成。

那天晚上我們促膝長談，談了不少我們的研究與將來，但無論怎麼說，總不能說服端梧爬山是件有意義的事，爬不到一半便開始埋怨的他，總想不通我們為什麼爬到山上來，他說山上又沒有我們要找的人，只是浪費時間，於是第二天一早便獨自下山回去了。

我與昭鼎、文魁兩位在山上多留了兩天，登高爬低陶醉於大自然尚未遭受人類糟蹋的潔淨土地。第三天傍晚，林務局的工作人員追過來說新竹警察局來電話說，電信局有我從美國寄來的電報，須我下山領取，那時電報的消息總不是吉利的。

昭鼎、文魁替我擔心，難道在美國的遠川兄有什麼急事？帶著沉重的心趕下山來才獲悉，那不過是芝加哥大學通知我要給我優厚的獎學金，希望我到芝加哥大學攻讀博士學位。

一九六二年我與錦麗訂婚後，便到柏克萊加州大學攻讀博士學位，昭鼎兄也得獎學金到德國留學，這一別便有整整十年我們沒有再見面，直到一九七二年清大徐賢修校長邀我到清大當客座教授才又看到已成家且有三位子女的他。

為人群社會奉獻心血

年輕的張昭鼎教授在清華確是位最具魅力的老師，他開明民主的作風，對學術的熱忱，對人類社會的關懷與對學生真正的愛護，很快地便成為學生們崇拜的偶像。

那時在清大的很多學生常自豪地向人炫耀張昭鼎是他們的老師，張昭鼎的學生們與別人不一樣的是，他們除了對學問探求努力不懈外，他們多那麼一份對人群社稷的責任感與願為社會的進步奉獻心血的決心。

我那時非常敬佩昭鼎兄，這麼多年來能夠一直堅持他的理想而努力奮鬥，也慶幸清華大學的學生們能有一位這麼好的教授當他們的榜樣。客座期滿，回芝加哥大學繼續我的教職後，我們一直保持密切的聯繫，那一陣子，昭鼎為了充實清大化學圖書館，努力籌募化學圖書基金，也督促我向美國年長的系友發動捐款，也許這一群年長的清大化學系的系友，都受過昭鼎兄無私奉獻的薰陶，捐款的踴躍令人感動。

不過我沒想到十年後的一九八二年開始，又出於另一個機緣，昭鼎兄與我又開始另一形式的更密切的合作。

一九七八年的春天，我曾隨美國科學院組成的化學代表團到中國大陸參觀訪問，回來幾個月後我在學校餐廳見到了從河邊加州大學來訪問的浦大邦教授，我們彼此聽過名字，但是還是首次見面，他問了些我訪問大陸的感想，也深入討論了些有關台灣科技發展的種種事，那次與大邦兄的見面是很令人興奮的。

我們發現了我們之間共同的地方。也就是希望為台灣科學的發展奉獻心血的熱忱，非常能幹而神通廣大的浦大邦教授，便著手籌辦了一九七九年在台北召開的「原子與分子科學研討會」。

這個非常成功的會吸引了海內外許多出色的科學家，也為以後中研院的「原子與分子科學研究所」與「行政院同步輻射研究中心」的催生發生了作用。

一九八二年中研院的院士會裡通過了「原子與分子科學籌備會」的設立後，大家便推舉了張昭鼎來擔任籌備處的主任，我也欣然接受了籌備處諮詢委員會主席任務，剛開始的一段日子百廢待舉，他一方面在清大任教，另一方面更為原子所籌備處的設立、大樓的籌建到處奔波。設在台大校園內的原分所，事情確是更為複雜了些，與台大校規會的溝通、大樓的規劃與設計、建築師的比圖等數不清的瑣細之事，不知費了他多少心血，雖然我偶爾也回來幫忙，但總的說來，原分所能有俊美舒適的研究大樓與順利的開創，完全歸功於昭鼎的努力奮鬥。

我還記得有一天，他帶著笑容向我走近，看他的表情我知道他一定有什麼有利於原分所的好消息。他說：「遠哲，超然諮詢委員們是沒報酬的，但中研院的規定，諮詢委員會的主席每個月有……。」我沒等他說完便知道，我們倆將做的事，便接著說：「你刻個我的圖章，留在辦公室，每個月領了錢後，就給原分所留做員工的年終獎金用吧！」

我講了這句話後，我們倆便哈哈大笑。我們都高興，他這則消息給原分所帶來了小小的額外收入。諮詢委員之一的南加州大學的張圖南教授，有時對昭鼎特殊的性格，覺得訝異，像昭鼎那麼慷慨的人，常掏自己的腰包宴請朋友，但對原分所的開支，卻分文必省，我知道這只是他高尚人格的另一個表現，他自己能夠，也希望別人能夠像他一樣堅持「犧牲小我，完成大我」的崇高理想，當韓忠謨教授是中研院總幹事的時候，也曾非常讚許昭鼎兄，他對大邦兄與我說起，我們請他當籌備處主任，確是最適的人選。

或許他不善於辦理瑣細的事務，但是客留海外的我們是能夠完全信賴他，他會堅持原則把該做的事情做得很好的。

這十年來為了原分所的發展，我們在許多場合共同奮鬥過，原分所舉辦的許多研討會國際會議，常使我們一起密切策畫，並相聚在一起，尤其是這幾年，隨著我返台次數與留台日數的增加，便也增了他不少負擔，幾乎我在台灣所有的事情都經過他聯繫。他像親兄弟一樣地照顧我、保護我。如果沒有他善意地指點迷津，我那過分相信別人的習性，怕要承受不少傷害。

午夜的電話再也不會響了

今年三月下旬，我回國以前便聽到他氣喘又發作而住進台大醫院，我打電話慰問了他。但他一直堅持他已好了，沒事了，便也就討論了許多原分所的事。我回國後他好幾次從醫院請假出來參加一些活動，他說醫生允許，不會有問題的，我心裡覺得非常不安，該讓他休息才對的。但看到他十分硬朗的身體與振作的精神，便也相信他說的，只要把氣喘鎮住了，他與常人沒有兩樣，怎麼知道這次的會面，竟是最後的一次。

他真的就這樣默默地走了，他背負著台灣科技界、學術界朋友們的無限希望，是我們心目中的英豪，他不該這麼早就離開我們的。這幾年來他一直勸我回台工作，總該也是回國工作的時候了，我也答應盡早回來一起為台灣的科學與教育共同努力。我們不是說好要在今後五年內把原分所的一些科學研究工作趕超世界水準嗎？那天中午我們不是也與何壽川夫婦、劉源俊等人討論怎麼樣經過基金會的運作，大力改善台灣中小學的科學教育嗎？還有那些數不盡的有意義的事等我們去打拚。

奈何長期過度的勞累，使他英年早逝，他那充滿信心的笑容與滿懷理想而艱苦奮鬥的一生，將是我們以後往前邁進的指路標，我們將更堅決地在科學與教育的艱難道路上，為了實現共同的理想而努力。

夜深了，我又習慣地等待著他從台灣打來的電話，然而午夜的電話是再也不會響了，長夜深思，也許天快亮了，或許真的是已到了我該回家鄉的時候了。

【序二】在時代變局中縱身一躍的張昭鼎教授

黃榮村

「變動時代的知識份子—張昭鼎教授的一生」就要出版了。作為一位朋友與學界同事，我最想講的其實是「故人別來無恙否」，可惜的是永遠不會有回答了。

台灣在一九八七年解嚴的前一年社會運動勃興，解嚴之後則是一個苦難之後開始混亂，混亂之中可以看到希望的時代，很多人懷著熱情要求改變，上街頭變成是一件莊嚴的儀式行為，不知道會發生什麼後果，但覺得有責任走出來，我就是在這段時間在街頭上認識張教授昭鼎兄的。一九九一年的一百行動聯盟（反刑法一百條之思想入罪），於雙十閱兵前夕在仁愛路台大醫學院前靜坐，由陳師孟與林山田等人主導，李鎮源是精神代表，陳維昭則是醫學院院長。我當時也在那邊，就看到昭鼎兄在醫學院進進出出，顯然有很多要折衝之事在進行。

我好奇的是，時代變化的力量究竟有多大，可以讓一位科學家逐漸轉變成一位具有影響力的知識份子？我一向喜歡閱讀愛爾蘭大詩人葉慈（W. B. Yeats）的詩作，他在第二度降臨（The Second Coming）中說，這是一個可怕的時代，上焉者失去信念下焉者充滿激情；在航向拜占庭（Sailing to Byzantium）中則說，我飄洋過海來到這座拜占庭聖城，要為大家述說過去、現在、與未來的真義。我覺得葉慈這兩首詩，無意中交代了張教授所處的時代與他的作為。

張昭鼎如何察覺出時代的轉變，而且又能呼應時代的召喚，最後決定縱身一躍？歷史既不等人也不勸人加入，我想一個人在關鍵時刻做了關鍵行為，又能終其一生不悔其志，一定是有淵源的，包括從小到大的閱歷，如小時對獨裁高壓統治內心反抗之信念、左派閱讀、科學家求真的風格、不妥協但善予折衝之台灣老紳士個性，都是有關的背景，如此才能真正體察時代的變化，而亟思有所作為，剛好時機成熟，又與李遠哲及李登輝在這段時間形成功能互補下的三位一體，去更好的呼應時代的召喚。令人感慨的是，這樣一個難得的、功能互補的三位一體，在台灣轉型的過程中發揮過很大的功能，也成就了一段良心的民主志業，但歷史是弔詭的，今日讓你合明日令人悲，說不準的，張昭鼎雖然善用了那段歷史上最好的時間（剛解嚴後），縱身一躍，成就了當時不做日後就會後悔的志業，但這件歷史的偶然，而今安在哉！

我們要想評價一個人，經常需要做很仔細的考量，尤其是像張昭鼎這樣一個人，要真正知道他何以決定在大時代的變局中縱身一躍，而且永不回頭，是一件困難的功課。但要懷念一個人，尤其像張昭鼎這種人，是相對簡單的，因為只要跟著感覺走，他是一位令人隨時有感的人。他在唸初中時就知道將愛因斯坦當為典範學習楷模，半懂不懂的閱讀富含社會主義情懷的巴金小說，大學就知道閱讀湯川秀樹的社會批判文章，這些看起來都有很濃厚的浪漫情懷，兼有理想主義與社會主義的精神在內。張昭鼎一生重然諾，曾與我相約在一個週末晚上聽郝前院長到台大演講，他一定很好奇郝大將軍在這個民主自由的啟蒙校園，會講些什麼。但他不得已的失約了，永遠無法赴約了。我因為一直在舊活動中心講堂外等他，所以也沒聽到郝講了什麼。就這樣，一位台大校長候選人與一位反軍人組閣的主要成員，永遠沒弄清楚郝究竟在當天講了什麼。不過，這些都不重要了，我們當時心中的共同期望是，跑來跑去永不止息，祇是想親眼看到民主自由的箭，還在台灣上空飛！就是這樣一種浪漫情懷，讓大家連在一起，過去是這樣，希望現在與未來都可以這樣。

【目錄】

序

在時代的旋風中，有這樣的人，他永遠望向雲天，那裏有著關於未來的夢想；他像熟透的一粒麥子，堅定地落向大地。他滿懷對世界的愛，以及對文明提昇與傳承的熱情。這樣的熱情使他以生命為餌食，去激發科學園地的麥苗成長；以精神做為燃料，盡瘁為爭自由爭人權的火炬，而輝耀於時代的天空。這是充滿人道理想的知識份子。

張昭鼎教授就是這種在時代旋風中，堅持人道理想的知識份子；而這般的生命形象，是如何一步步塑成的呢？

第一章　屏東鄉下的少年

▸ 全家福：沈金倉女士與五個兒子。（左起　昭鼎、末雄、漢鼎、宗鼎、隆鼎）

第一節　鴨母王

一九四五年，太平洋戰爭末期，日本在各地的戰場節節敗退；美軍常來轟炸台灣，砲火一次比一次猛烈，台灣的學生們躲防空洞的時間比上課時間還多。每當警報一響，年僅十一歲的張昭鼎就跟著哥哥沒命向前衝，心裡頭對自己大喊：「阿常(註)！你𣍐死！你鴨母王的子孫仔你𣍐死！」一在防空洞裡，感到一陣陣心驚肉跳的撼動，一面擔心小命不保；一面暗自懊惱，今天又沒課可上了。

張昭鼎知道，父親早逝，自己無所依靠，所以一定要比別人更堅強，努力把書念好才能出頭天。

張昭鼎父親名叫張士昆，台南人，出身書香世家。張士昆的父親在廟裡的私塾教漢文；給孫兒們——也就是張昭鼎兄弟取名都有一個「鼎」字，應是源於廟堂鐘鼎的傳統士大夫思想。張爺爺與一般文人一樣，也有些喝茶下棋之類風雅嗜好。每當他出去與文友聚會，少年張士昆和媽媽就會去私塾代課。他們教課可是認真的，特別是媽媽，手握著長尺，叩叩叩地打拍子，學子們跟著背經書，一背錯，板子就

註　阿常是張昭鼎的小名，二哥張漢鼎小名阿義，五哥張宗鼎小名阿信，七弟張隆鼎小名為阿全，小弟名為末雄。

會惡狠狠敲下來。沒辦法，以前大家都相信嚴師出高徒，徒兒挨打可沒有家長會抗議的。

之後張士昆見屏東開發迅速，糖廠、酒廠、煙廠陸續取代本來綠油油的田地；社會發展，一片欣欣向榮，前景看好。於是高等科（註1）畢業後，他自願從老家台南搬到屏東去打拚。那時菸酒尚未由政府專賣，私人製菸釀酒，營利賺錢，都是合法的。張士昆到了屏東，到販賣菸酒的劉姓人家當書記，負責記帳、收租金等事務。屏東劉家生意作得大，累積不少財富；直到一九一三年日本政府決定菸酒由國家專賣，成立了菸酒專賣局，四十歲的張士昆只好從劉家轉去專賣局，擔任基層職員。後來台南沈家看上他認真有為，人品學問都好，決定將女兒沈金倉嫁給他。

說到台南沈家，可是和一段台灣歷史大事有關。清朝康熙年間，出了個朱一貴，朱一貴養鴨，握根竹竿，指揮鴨群，鴨子居然聽其號令：他指右鴨子不敢往左，他指前鴨子就跳下水；鴨子這麼聽話，於是大家都稱朱一貴「鴨母王」。當時的縣令貪污腐敗，巧立名目向人民徵稅，百姓忍無可忍，於是推舉朱一貴等人組織平民成兵，就地起義抗清。居然一路摧枯拉朽，短短十三天就攻破台南府。朱一貴披上戲班龍袍自立為王，以恢復明朝為號召，自立國號大明，年號永和。清廷大為震驚，派兵圍剿。朱一貴畢竟寡不敵眾，兵敗如山倒，被執回北京後昂然不屈，遭到凌遲處死。

朱一貴死後，據說家裡面有隻母豬地上亂挖，這裡挖、那裡挖，挖出白花花的銀子，大人把這些錢拿來生活、教育小孩。等到子孫發達，中進士，感念豬母的恩德，刻了一個豬母碑，讓大家祭拜。其實「豬」就是諧音朱一貴的「朱」，真正拜的並不是豬母，而是朱一貴的衣冠塚；因怕清廷追究，才造出豬母碑的神話。過了幾代，姓朱的女兒嫁給姓沈的，就是沈金倉本家。有了這段因緣，所以日後張昭鼎常常自稱「鴨母王」，也是為了向這段為生民百姓犧牲的故事致敬，並有自勉之意。日後李遠哲懷念道：

張昭鼎常津津樂道他母親是台灣早期起義抗清的「鴨母王」朱一貴的後裔。他的血液裡的確有那股喜歡打抱不平，敢於反抗壓迫的勇氣[註2]**。**

註1　日據時代的高等科是國民學校之後的教育單位，兩年學制，類似日後的國中。台灣人能接受高等科教育的人極少，可說是當時的「高等教育」。

註2　見〈憶昭鼎兄〉，《惜別大家的張昭鼎》，頁4。

張士昆和沈金倉總共生了八個兒子。老大罹患白喉過世，另一個死於破傷風，只剩六個兒子活下來；按年紀分別是：漢鼎、家鼎、宗鼎、昭鼎、隆鼎、末雄(註)。家鼎在戰時應日本政府徵召去菲律賓打仗，從此斷無消息。張昭鼎五歲時，瘦瘦高高的父親就因嚴重胃潰瘍，導致胃穿孔過世；過世後除了一點生命保險金外，家中別無長物。沈金倉二十歲嫁張士昆，算算只結褵十幾年，丈夫便撒手人寰；沈金倉成了寡婦，即將獨自面對養育六個小孩的重責大任。幸虧專賣局有保障員工遺族的制度，沈金倉可以向專賣局申請一塊「菸酒專賣」的牌子，在外邊開一間小雜貨店，多少可以賺點錢，養活六個孩子。然而，他們所住的公賣局宿舍因張士昆過世而被政府收回，眼看全家連棲身之所都沒了；幸虧劉家挪出一間空屋給沈金倉母子居住；雖然不大，但磚牆水泥，遮風避雨足矣。張家母子對劉家人及時伸出援手銘感在心；張氏兄弟和劉聰輝等同輩朋友往後也培養了深厚的交情。

當時戰爭尚未結束，經常性的轟炸弄得人心惶惶。往往砲彈還未落下，光是聽見轟炸機隆隆隆隆的引擎聲，大家拔腿就跑；砲彈如雨下過後，城裡炸得稀里糊塗，破斷的牆垣與屍體，讓人怵目驚心。由於持續的轟炸實在太恐怖，張家便跟隨劉家一起疏開到離屏東約二三十公里，鹽埔鎮旁邊的小村落，叫做仕絨。

註　因為張士昆認為這是他最後一個兒子，故稱末雄，而不以鼎為名。

第二節　蕃薯黨

到了仕絨，張家母子搬到劉家原本準備給佃農住的一個小房間；一張床，一張小木桌，房間就滿了，至少可以安身，比城裏安全。那時候誰也沒料到再過半年日本就會投降。

母親早上騎二三十公里的腳踏車去做菸、酒、雜貨買賣，攢點家用，艱難地在糧食配給之外多為孩子贏一口飯。戰爭時期實施嚴苛的食物配給制度；有大戶人家子弟過慣優渥生活，耐不住粗食草具的日子，偷偷交代下人，到黑市買了豬肉，煮來大快朵頤。沒多久就被檢舉了。日本警察十分生氣，要他天天來警察局罰站！

這是殘酷戰爭的一個荒謬小切片。

鄉下生活平靜不少——少了驚人的炸彈，嚇人的死亡，孩子們被壓抑的玩心又活動起來。來到仕絨之後，開始和李家認識。李家是地方大族，孩子多；其中一個十六歲的女孩，風標恢弘，有男子氣，她就是後來的「台灣小提琴教母」李淑德。李淑德綽號「土伯仔」（閩南語蟋蟀，因從小好動，像蟋蟀活潑跳躍而得名），是張昭鼎等一群孩子的頭領；這位大姊頭還為他們這群人取了個諢名，叫「蕃薯黨」。只要大人不管，蕃薯黨就開始活動。李淑德率領張昭鼎在內的孩子群，弄來

▸ 蕃薯黨合照，前排右一為張昭鼎，右二為李淑德。
李淑德後來成了小提琴教育家，是台灣留學外國的第一位小提琴碩士，許多名家皆出其門下，其中最著名的是林昭亮、簡名彥等。她發明最辛苦的全台「巡迴教學」方式，嚴格耐心地培育小提琴人才，為台灣音樂教育奉獻良多。（照片由李淑德提供）

一些蕃薯，找地方生火造窯。等蕃薯「孵」好要一段時間，這群小孩就啃田裡折來的甘蔗，邊啃邊打打鬧鬧，玩得不亦樂乎。外邊烽火連天，這裏算是一個小小的世外桃源了。

捱到晚上，孩子們看見母親拖著疲憊的身軀進門，總不敢多講話惹媽媽生氣。媽媽又累又煩的時候可要乖點。即使媽媽幫他們剃頭，剃刀不利，不小心剃下一塊頭皮，也要咬緊牙，絕對不可雞貓子鬼叫，要敢叫，媽媽朝光頭就一巴掌——白天賣雜貨謀生已經累癱，晚上回家幫孩子剃頭，小毛頭還敢抱怨？豈有此理！

偶爾，沈金倉沈重的眼皮下也會閃露一點喜悅。戰爭時期，菸酒在黑市的價錢不錯。有時生意好，賺的錢能多換到一條魚或幾顆蛋；讓孩子多一點營養，多長一點肉，是這位辛勞的母親最大的心願。

第三節　戰後的挑戰

一九四五年八月，出乎大家意料之外的一天，日本天皇「玉音放送」。委婉的聲明日本接受中美英蘇的聯合公告；換言之，日本投降了，戰爭結束了，不必再擔心炸彈從天而降了。於是疏開在仕絨的一群人又搬回屏東市。沈金倉和孩子們駭然地看到他們原先住的那間小房子，已為戰火所毀，化做一堆瓦礫。幸賴劉家好心，依舊撥出祖厝一隅的房間給他們住。

戰後大環境艱難，一群孩子被逼早熟，學著分擔家務。小張昭鼎最常做什麼呢？答案是煮飯。才十一歲的他，負責在三合院中的稻埕上煮飯給全家吃。通常是蕃薯拌飯，要是有煮白菜，炒蛋，灑點鹽拌一拌就算瓊筵。煮完飯還不見其他兄弟的人影，他就到處去叫：「再不回來就沒飯吃！」這一吼，那些兄弟們百鳥朝鳳似的，紛紛回來。兄弟們都有這種經驗：跟著大姊頭去爬樹、打鳥，太晚回來，張昭鼎硬是不給飯吃，教你挨餓！

「魚！」大家看著桌上一尾煎破皮的魚尖叫起來。

「聰輝的阿嬸自東港帶來的，」張昭鼎驕傲的說，「我煎的。」

戰爭結束回屏東後，生活縱然艱辛如舊，卻因教會帶來的文明和藝術而豐富了起來。這裡的教會是長老教會（Presbyterian Church），除了傳教，服務鄉里之外，也興辦教育；例如開幼稚園、辦英文聖經班等等。在這裡，可以遇見曾經留學國外的知識分子、地主、醫生等中上階層，從他們身上能得到一些外面世界的訊息。父親張士昆在世時即透過劉家的引介加入教會，因而張昭鼎小時就受洗為教徒，並和劉家的孩子劉聰輝結成好友，才有機會親近教會帶來的文明。

「外面的世界很大啊！」那些知識分子和劉家的長輩對他們說，「你們小孩子要好好努力，以後多出去走走、看看！」張昭鼎受鼓勵，有機會就去教會聽牧師講道，但是似懂非懂，又都要坐上好一陣子，覺得非常無聊。倒是看哥哥宗鼎參加英文聖經班，朗讀講解都用英文，張昭鼎看在眼裡十分欽羨，默默生出一股見賢思齊的決心。在戰亂困頓的年代，還能有這一方知識的樂園提供給願意上進、渴望學習的孩子們，這簡直就是人間天堂了！

除了教會，張昭鼎也會到劉聰輝家，他父親是牙科醫生，收藏很多漫畫、雜誌，讓他們看得興味盎然；或者去訪疏開時熟識而戰後也回屏東的大姊頭李淑德家。她們家有留聲機，鋼琴；偶爾興致來了，淑德加上淑智、淑信，三姊妹合唱一段，彷佛天籟。這些文明盛事，張昭鼎何曾見得？樂理醫理，又何曾懂得？不過耳濡目染之餘，不禁在心裡不停激勵自己：我要努力，我也想要有更好的生活！

這年張昭鼎正在讀屏東仁愛國民學校（即現在的仁愛國小）五年級。媽媽為了使張昭鼎及早學會漢文，便把張昭鼎送進了漢文私塾；教的全是文言古文，而且用台語念。張昭鼎白天要上學、照顧弟弟，本已勞頓不堪，到了晚上漢文時間，難免打瞌睡，然而或多或少也學到一點基本的倫理思想。

這時母親繼續菸酒生意，誰也沒料到，「一切總算安定」的狀態支撐不到一年就破碎了。戰後通貨膨脹嚴重，物價飛漲，往往一天之內價格可以翻個十百倍，越翻越高，到了離譜的地步。剛開始沈金倉看見東西可以高價售出，還很開心；一陣子以後就開始怕了，家裡賺來一袋一袋的錢，到了一九四七年全淪為廢紙。政府一聲令下，四萬元舊幣換一元新台幣，此舉戳破幣值泡沫，也打碎了安穩生活。

張家破產。沈金倉手上一點錢都沒有，沒辦法繼續承租公賣局那塊「菸酒專賣」的牌子。無法開源，亦無法節流，家裡一無所有。好幾次劉家嬸嬸看他們家實在米甕都空了，偷偷拿一杯米來，救急救苦；張家母子心中甚是感念。幸而戰爭時初級商業學校畢業的二哥漢鼎，先在鐵路局上班，之後到台南母親娘家工作。沈家事業隆盛，漢鼎到沈大模開設的「中和行」任職，專司進口、買賣日本電器零件；收入漸可幫助母親，照顧諸弟，使他們能繼續求學。同年夏天宗鼎初中畢業，母親希望他不要再升學，為了家計暫時去配銷會工作幾年。宗鼎就此離家工作；不久又北上，邊工作，邊念補習學校。這個決定對家族的影響很大，後面幾個弟弟都學他，循張宗鼎模式北上唸書，努力讓自己進入知識的殿堂。

這時剛上小學三年級的小弟末雄，也被早已搬去宜蘭的楊家接走了。只因父親生前曾許諾任職專賣局時的同事楊君聘先生，要把最小的兒子末雄過繼給只生獨女的楊家為嗣。以前的人一言九鼎，雖然父親已過世多年，但當對方來要人的時候，母親和哥哥們縱有萬般不捨，也只好含淚讓末雄離去。這一來，家裡平日除母親外，只有老六昭鼎老七隆鼎兩兄弟，氣氛冷清許多。

張母沈金倉，這位了不起的女性，生養八個男孩；親歷戰亂，含辛茹苦。其間兩兒夭折，丈夫早逝，一子南征失聯；如今小兒子又離家改姓，她所承受的命運打擊和心頭的痛苦折磨恐怕難以想像難以盡述。

張昭鼎當時已就讀屏東初中。他想自己雖還不能賺錢養家，但他可以把書讀好；除此之外，沒有更好的方式能安慰母親，減輕母親的心頭壓力。他於是更加用心在課業上，開始念科學相關書籍；平日不太出門玩，即便七弟常常去隔壁打球，大呼小叫的聲音傳來，對他也沒有影響。家裡唯一的小桌子，除了吃飯之外，就是他唸書，算數學的地方。

張昭鼎國小畢業以前對科學並沒有概念，如果要說什麼科學種子的話，大概是他在做菜的過程中，觀察火和溫度的變化，因而興發對科學的興趣吧？他國小、初中的數理一向在學校名列前茅，又因為戰爭、家庭環境、成長背景的關係，特別早熟，認為只有努力唸書，才能翻轉自己不幸的命運。念初中時，有一次同學們問他志願是什麼？他直接而豪邁的回答：「我要努力成為科學家！做台灣的愛因斯坦！」

除了數理的長才之外，張昭鼎也對人文社會的領域感到濃厚興趣。初二的國文老師介紹學生讀很多文藝作品，養成張昭鼎閱讀課外書籍的嗜好。有些書中的思想內涵，雖然當時還小未解深意，待日後年齡漸長，生活體驗日增，再回頭思之，便得到印證。例如當年讀不懂巴金的小說，長大後就逐漸領悟其中的社會主義情懷。根據張昭鼎日後自述，這段時期培養的閱讀習慣，對他將來的思想啟蒙，實在裨益良多。

初中畢業之後，張昭鼎想自己為什麼不乾脆到台北，投靠已經進入台大法學院圖書館上班的宗鼎哥哥，然後，追隨宗鼎的腳步也準備考大學？

這時的張昭鼎，像是田裡的一株蕃薯苗，一切準備就緒，要將綠色的觸角伸向田外邊的世界（註）。

註 作者按：關於張昭鼎幼時的事蹟，皆來自張宗鼎先生寶貴的的口述與回憶。

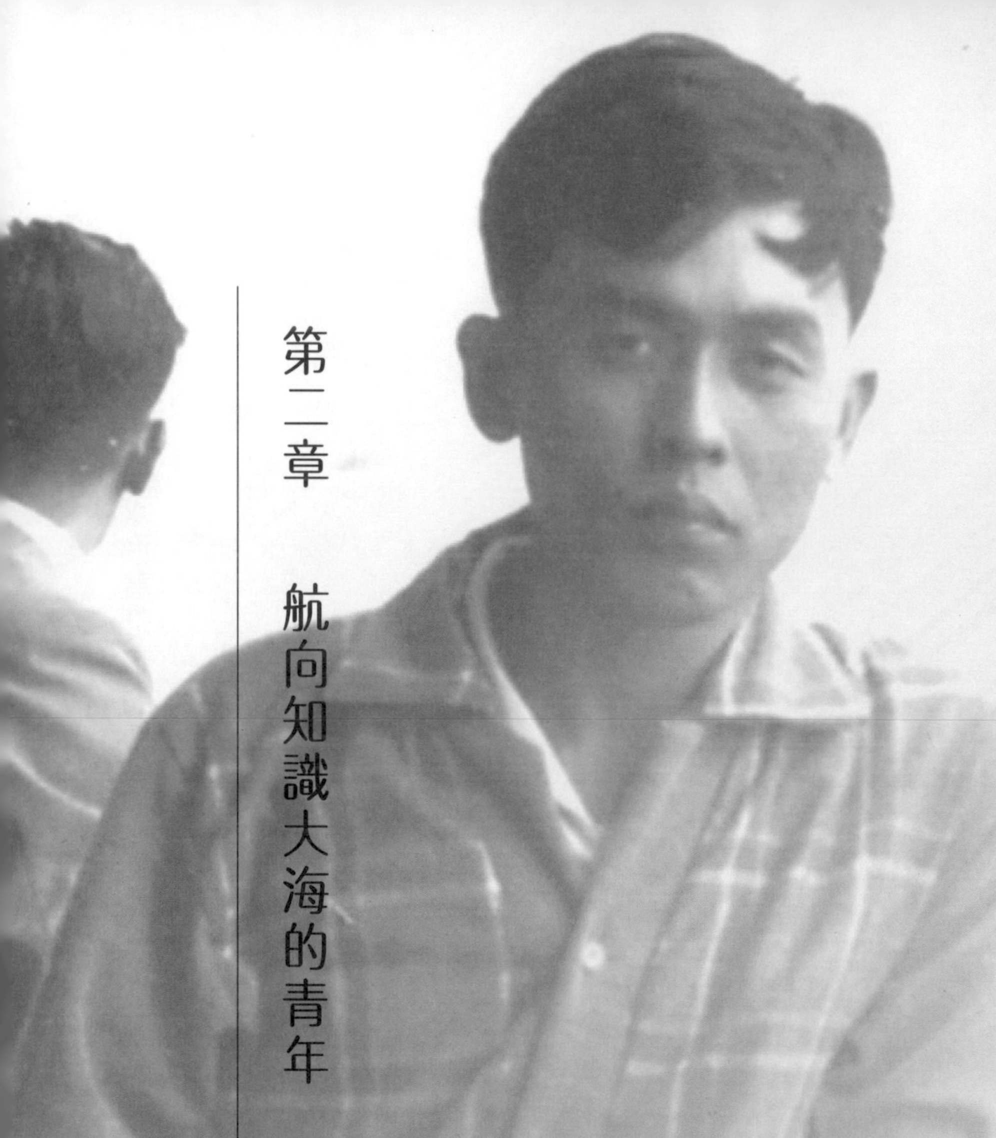

第二章 航向知識大海的青年

第一節　政治高壓下的啟蒙

飛機又來炸，滿地都是鮮血，爆炸的震動，翻倒大片林木房屋；暈眩的人們搖搖晃晃的跑向防空洞。張昭鼎腳下一滑……

唉呀！

摔了一跤，是夢。

到台北的第一晚，睡在法學院圖書館內，從惡夢中醒來，館內所有被查禁的書和五哥宗鼎也一起驚醒了。

「你也會做惡夢？」宗鼎在黑暗中對著昭鼎說。

「嗯。」在這風聲鶴唳的時代，誰不作惡夢？他想起去年「四六事件」(註)，那些組織戲劇研究會、民謠研究會、鬧學運的很多被抓被殺，更多學生以「失蹤」告終。大姊頭李淑德休學躲回屏東，就是怕沾上莫須有的罪名被逮捕。初中剛畢業的張昭鼎決定要來台北唸書，鄉里家裡都操心。今天走出車站，怵目驚心的就是一張一張白底黑字的佈告，寫滿和共產黨勾結的人名。殺！一道硃砂紅由左下直劃至右上，彷彿裂傷滲血。

「大家都會怕，謹言慎行就好。」

張宗鼎不知道弟弟有沒有聽進去？這個弟弟從小直話直說，膽子也大，像昨天，自己本來約好要去台北車站接他，但因事耽擱二十分鐘，終於氣喘吁吁跑到車站，繞來繞去卻找不到人，又急又氣；只好回頭沒命地趕回法學院宿舍。在宿舍旁經過一家退伍軍人開的麵攤，瞥見一顆光頭，原來是張昭鼎坐在裡面，翹著腿，悠哉遊哉吃著牛肉湯麵；見了宗鼎還說：「你怎麼這麼晚才來找我啊！沒在車站看到你。」在陌生的城市，看不到自己人也不顯著急，這麼獨立、豁達的弟弟，應該遇到任何麻煩事都可以逢凶化吉的吧！

張昭鼎到台北不久，台大放榜，哥哥宗鼎順利考上台大經濟系；宗鼎想讓弟弟接替自己在法學院圖書館的職務，但台大圖書館館長蘇薌雨說，校方決議，今年開始，初中畢業生只能當工友。張昭鼎知道之後，聳聳肩：「沒關係啊，工友就工友。」經過圖書館分處處長戴炎輝教授同意之後，那年夏天，張昭鼎開始敲響法學院的鐘聲。四十年後，張昭鼎參加台大經濟系教授——同時也是哥哥張宗鼎的老師——施建生的八十大壽，施建生教授記性可真好，一見到他居然叫著說：「喔，我還認得

註　一九四九年，師院（後來的台師大）學生因單車雙載，被警察取締、毒打，因而引發師院、台大等學生不滿抗議，並提出種種訴求；結果兩校許多學生遭到逮捕、殺害，政府也藉機肅清各大學校園，此事件被視為白色恐怖的濫觴。

你！你以前是在法學院打鐘的吧！」

既然是工友，掃地、擦桌、倒茶雜務頗多，但他一有空閒就努力用功；考上建國中學的夜間部（建中補校）之後，更是抓緊時間讀書，為了三年後的大學聯考奮鬥。

宗鼎看他半工半讀如此辛苦，忍不住問：「你會後悔沒去念商業學校嗎？」商業學校就在法學院對面，而且畢業就有工作，既然兩者都考上，為什麼堅持讀普通科夜間部？張昭鼎回答他：「我已經決定要走自然科學研究這條路了，辛苦一點無所謂，那是我的理想、我的志願和目標。」停了一會，又說：「阿信，你有沒有想過為什麼我們拿不到諾貝爾獎？」

小小年紀，張昭鼎就已經立志走屬於自己的路。

拿到工友的第一份薪水，張昭鼎開心的跑到車站後頭的雜貨攤，買了雙皮鞋和幾件舊衣服。哥哥看了笑說：「你節儉一點啊！」張昭鼎說：「啊不然錢都給你保管好啦！」哥哥笑得更大聲了。他哪裡會不知道領第一份薪水的快樂？

在圖書館做事的好處，就是可以看別人「看不到」的書。所謂看不到並非隱形，而是禁閱。政府來台之後，懾於共產黨之文攻，把一系列英日文書刊、社會主義、馬克斯類書、中國左派作家、俄國作家等作品全禁了。部分放在圖書館裡，一落一落貼上封條，禁！終身囹圄在書櫃中。兄弟兩個得地利之便倒是可以看個夠，看了之後便壓低聲音討論這些知識對社會、對經濟、對民族的意義；於萬千書冊與智慧女神的腳下，展開了思想的啟蒙辯證之旅。直至夜深沈，甜蜜的睡神降臨眼瞼，兄弟倆便把桌子併起來，掛上蚊帳睡了。張昭鼎就這樣在法學院圖書館閱覽室裡睡了三年。

張昭鼎敲了三年鐘，隨著設備技術進步，後來不必敲，改手按電鈴。教授們知道這個小工友不但做事勤快，也頗為好學深思，索性把一些講義也交付他抄寫。那時候的法學院教務主任戴炎輝絕對沒想到，這個他口中的工友，日後會變成兒子戴東雄和戴東原的家教，最後還成了著名的學者教授和社會運動家。

第二節　充滿理想的大學生

一九五三年的夏天，一個個滿懷理想與熱情的學生，擠在台大圍牆前看榜單。就在那黃金太陽照耀的夏日，張昭鼎以第一志願考上台大化學系。當時台灣總人口約六百萬人，台大一年只收一千個學生。那時候選擇念理學院的有兩種人：一是滿懷做學問的理想；另一種是考不上父母期待的醫學院、工學院而勉強來念的。張昭鼎當然屬於前者。宗鼎看到弟弟從排桌椅的工友變成大學生，兄弟一起在台大，可以彼此照顧，身為兄長的他也很開心。

此後透過宗鼎牽線，張昭鼎認識了許多經濟系和法學院的一流人才，其中一個重要人物，就是後來第一任民選總統李登輝先生。宗鼎唸書時，李登輝先生是講師；等到宗鼎畢業當了助教，李登輝就升上副教授了。李登輝對張宗鼎的評價很高，六十年之後回想起來，還直誇張宗鼎非常優秀，讓他印象深刻。至於張昭鼎，則後來成了李登輝總統在科學發展上的得力顧問。詳情容後再述。

話說張昭鼎喜歡交朋友，的確是連哥哥都料想不到的長處。宗鼎一向以為弟弟沈默寡言，只知埋首書堆，唸書敲鐘之餘恐不善交際；他慢慢發現這個猜測完全錯誤。張昭鼎做學問，不只抱書苦讀而已，口到眼到手到心到，最重要還有一個「腳到」。道理不明白，勤於詢問指導教授之外，請教的範圍還越來越廣。自己念的是化學系，但為了探求真理，也常常跑到物理系教授的研究室去求教。許多良師益友，都是這樣被他真誠求知的心靈感動，進而相知、相惜，如李遠哲、林清涼、林兆本、劉兆禎、游來乾等前後屆至交好友，都是這樣「聊」來的。

從屏東鄉下一路苦讀上來的張昭鼎，知道這些努力向上，懷有崇高理想的青年，絕對是值得自己交往，彼此砥礪、相互督促的朋友。他讀過古文，深知「獨學而無友，則孤陋而寡聞」、「他山之石可以攻錯」之理。他何其幸運，也因個人熱情真摯的人格特質，而擁有了那麼多裨益終生的好友。

五〇年代像張昭鼎這樣的大學生，活在政治高壓下，看過野蠻的二二八，在感情與理智上都知道這是絕對的錯誤——政治專制而野蠻，報紙、廣播、海報都是老大哥無形的刀子，一把一把插在腦袋上。這難忍的痛楚，卻使得他們的思想更清晰，意志更堅定。社會主義構想的美好世界，沒有階級、特權，這不啻是跳離庸俗現實的理想方式。然而，在那個權威統治的時代，所有可能危及官方利益的言論與行動都被嚴格禁止，所有的理念與激情只能在腦海中翻騰，在友朋中間交換。社會主義的書，張昭鼎在法學院圖書館看了許多；比較令他訝異的是，這些書在台大幾乎是公開的秘密。圖書館的某些角落，日文書櫃，教授的秘密藏書，書報攤老闆的暗櫃裡，都有社會主義理想的微弱火花。這些青年學子，從牢天禁地取得火來，在心底大放光明。

當時像這樣抱持崇高理想的人很多，他們看見世界的轉變，相信世界經過努力是可以進步的。他們也大略知道國民政府在大陸失敗的理由，更看不慣貪污腐化、社會財富不均的現象。張昭鼎住在宿舍裡，也看見許多不公義的事，發現腐化的不只是政府官方，腐化原來無所不在。學校裏廚工偷菜偷花生；大學生出去玩，晚上雇了三輪車回來，藉口上樓拿錢就不下來了，車伕也不知道是誰，寫了大學生欺負辛苦人的字條貼在佈告欄上。

學生的墮落令他生氣，而政府當局的思想控制，更令他憤怒。有一個網球隊隊長因為思想問題被拘留過，就常常有警察騎著腳踏車來宿舍點名。張昭鼎看了生氣，又不敢做出什麼實際行動。學生沒有制度保障，不能公開批評；一旦你公開表達不滿，就要被抓、被關、被威脅。李遠哲從前在新竹中學，就親眼看見警總的人馬開吉普車闖入校園，要校長陪同，當全班同學的面把同學帶走。他說：「校長拿著點名板，點到名字，那位同學站起來，當場落下眼淚。會被抓只是因為他看左派的書。」社會上這種荒謬的事更多，李遠哲告訴張昭鼎：日本統治台灣時，對台灣人是很不公平，同工不同酬；日人做事情再怎麼隨便，薪水永遠是勤勞台人的兩倍。

但日本對台灣人雖不公平，卻重法治，被日本憲兵拽走，犯什麼罪關幾天很清楚；然而蔣介石到了台灣，說寧可錯殺一百，也不放過一個共產黨人，因此莫名其妙的被刑求、槍斃的人很多。台灣社會一夕之間從法治變成人治，使人民為之氣結。

處在這惡劣的環境，有志之士能不思考公平正義的問題嗎？年輕人對社會主義的關注，自是有其原因的。

張昭鼎和新竹人真有異常的緣分，當時許多新竹中學畢業生考上台大，人多勢眾，一般笑稱「新竹幫」。其中李遠哲住第八宿舍，恰好和昭鼎弟弟張隆鼎同室。張昭鼎和「新竹幫」交情很好，私底下共同組織很多讀書會；討論時彼此都講日文，除了大家都受過日本教育，最主要的原因是他們很多的資訊來源都是日文，以日文討論日文版禁書，是很自然的事。

張昭鼎在宿舍，睡覺前，和同學們聚在一起聊聊自己的出身，是最輕鬆的時候。張昭鼎說：「我是建中補校畢業的。」旁邊的人一聽，傻了，說：「是建中吧？」他又澄清一次，是建中補校，沒錯。其中一人對台北學校比較熟，驚呼：「建中補校！那是專門出流氓的！還考得上台大！」張昭鼎得意洋洋，說：「我是鴨母王後代咧。」同學們沒聽過這個稱呼，都笑開了，鴨母，我還鵝母雞母咧！哪有人說自己是鴨母?張昭鼎非但不惱,還很自豪地把母親在屏東鄉下說的故事再說一次,從此他就有了鴨母王的外號。

外號鴨母王,行事風格也草根隨性。有一次坐在教室最後一排,上系主任的普通化學課;上了半小時,張昭鼎突然以日文低聲說道:「啊!糟糕!好苦惱啊!」同學低頭一看,只見他左腳穿黑色襪子,右腳穿了白色。兩邊的李昭仁和曾宗輝都笑了⋯⋯鄭玉瑕低聲地說:「沒辦法,他節省嘛,都是襪子混著穿。」大家更是捧著抽筋的肚子拼命忍笑。說到張昭鼎的節省還真令人佩服:不久前大家約好去參加雙十國慶,從台大校園走到總統府廣場,別人叫苦連天,只有張昭鼎說平常都為了省錢,習慣從台北車站走到台大,這一小段路哪算什麼;他有時甚至還走路到大稻埕吃拜拜,節省飯錢兼「補充營養」。

當年一般大學生家裡都窮,這麼節儉也是沒辦法的辦法。還必須額外撥出時間,擔任家教賺點錢維持開銷;一星期三天,忙得很,什麼跑派對看電影根本就是天方夜譚。張昭鼎考上台大後,法學院的教務主任戴炎輝先生十分為他歡喜。他一路看著張昭鼎從一個白天撞鐘、晚上刻苦自學的工友,變成台大新生,覺得很感動很欣賞,便決定聘請他擔任兒子的家教。理由十分簡單,卻也十分具教育意義:「如此認真求學,腳踏實地,埋頭苦幹,勤儉樸素之人,於各方面皆可為吾兒模範。」於是張昭鼎先教了日後的法學院院長戴東雄，又教了後來的台大醫院院長戴東原。戴東原回憶說：張昭鼎教學非常認真，「受人之託，忠人之事」；而且教法富有啟發性，學生容易建立整體概念。後來戴東原保送台大醫學院，戴東雄高分錄取台大法律系。

張昭鼎每天認真讀書，追求新知；而且最愛到處與人聊天論學，舉凡住宿生、老師、同學、朋友、同學的同學、朋友的朋友……都領教過張昭鼎的學術「糾纏」。當時化學系物理系都在二號館，雙方學生接觸比較多，而且化學領域很多也與物理相關，彼此有重疊處。張昭鼎大學部畢業論文是由陳英茂教授指導。陳英茂研究輻射化學，和物理系的許雲基、黃振麟教授是朋友。張昭鼎一個都不放過，老與他們高聲探討化學問題，不討論出一個結果不肯罷休；如果你當時經過二號館一樓，就一定會聽見他們在高談闊論。如此好學，當然日有精進。在課堂上，常常是老師在黑板上寫好式子，他就知道答案。博學多聞之外，語文能力強、性格積極、關心國家大事、認真做事：都是同學們佩服他的地方。大家對他印象深刻的還有不修邊幅，有時踢完足球，兩條褲管一腳高一腳低的，他彷彿無所覺，別人揶揄他，他也只是傻笑以對。

張昭鼎四年大學靠家教和獎學金維持最基本的生活需求，幾乎沒有娛樂，友愛合唱團也只去了一陣子；閱讀人文書刊的習慣則從未間斷，除了前述那些左派的書籍之外；日本雜誌如《春秋》、岩波書局出版的《世界》，都會刊登許多國際上對中國的政論、或者針對日本亞洲政策的尖銳評論、以及《醜陋的美國人》之類政治書籍的書評；更重要的是諾貝爾物理獎得主湯川秀樹的一系列文章。湯川以社會主義觀點，寫下許多反對軍國主義的論文，展現了知識分子的良心。他主張「唯物辯證應該加上科學研究」，以及「格物觀心」的宇宙思維，也對張昭鼎有所啟發。其他書籍，如《孫中山與支那革命》日譯本的最後一篇，也就是宋慶齡寫的〈孫中山——堅定不移、百折不撓的革命家〉，論及中國未來，觀點異常左派，但是居然可以在圖書館借到。圖書館裡很多日文書，從內容看來，應該都會被列為禁書，但管理人從大陸來，根本看不懂日文，因此學生要借就讓他借。朋友之間一旦碰頭聊天，除了上述那些書，也談巴金、屠格聶夫、杜司妥也夫斯基等人充滿社會關懷的小說。不過那時最流行的書還是要算《日本帝國主義下的台灣》，此書要旨在批判日本政府對台灣的殖民統治；有人才剛借到手就有下一個同學排隊要借。誠然，人的思想與靈魂是關不住的。這些學生滿腔熱血，一心只想探求真理；聚在一起談書論道，不談娛樂，明知看禁書危險，還執意去研讀。他們不為別的，只為追求理想，期盼日後有能力改變社會，使人民生活更安樂。

知識青年的人道關懷使他們急於為這苦難社會尋找出路。馬克斯的唯物史觀和辯證法，最終描繪出一個泯除階級，人人平等，各盡所能各取所需的烏托邦美好天堂，自然充滿吸引力，深得當時一般熱血青年的認同。至於發而為外顯的實踐，則因個人背景性向判斷的差異而有各種不同的抉擇。張昭鼎的知識來源除了唯物辯證法之外，還有羅素、愛因斯坦、湯川秀樹等大師，他們的邏輯實証主義、自由主義、和平主義都在在刺激了他的思想，但他並非照單全收，而是參照國內現況進行比對、乃至批判省思(註)。另一方面，他又認為在當時的戒嚴狀況下，選擇言論和行動的直接衝撞，會動輒得咎，往往被迫流亡。如果選擇用科學教育來提昇民智進而改造社會，應是較為可行的方式，姑且稱為「科學救國」。一些人出國深造，做尖端研究；一些人在中學教書，做基礎的科學紮根工作；日子久了誰說科學教育不能開化民智？誰說台灣永遠都是「文化沙漠」？張昭鼎下定決心：日後一定要出國深造，努力成為一位科學家，再回來貢獻所長。那時候的他並不知道自己以後會主持《科學

註　例如他認為台灣的自由主義者是和美國權力結合在一起的，他們提出的論點常常讓張昭鼎感到內容的貧乏，而《自由中國》等人被捕則說明了美國政策的失敗。總之，張昭鼎對於各種學說、理論，並不是原封不動的照搬，而是經過在地的思考與消化的。

月刊》，成為台灣科普教育最重要的推手；他只知道要做好自己該做的事，起跑了，絕不半途而廢。

大學時代的張昭鼎就像從旱地步行至綠洲的旅人，渴飲著知識之泉。他知道，要做大事，必須具備力量；而知識就是力量，因此必須先把學問做好。至友李遠哲也懷抱相同的淑世理想，兩個人都立志要為創造更好的人類社會而努力。他把自己的想法告訴李遠哲：「以前楊振寧、李政道拿了諾貝爾獎，我也期許自己效法他們；後來覺得諾貝爾不是我拿也沒有關係啦！我喔，就留在台灣，為科學教育打拚，培養後輩，培養更多台灣科學家。」

李遠哲說：「我想轉化學系好好唸書，是不是就能成為很好的科學家？」張昭鼎說：「不會，不可能。」「為什麼？」「化學系只學現象論，並未涉及物質的動態變化，其結構轉變也沒有學到」，他說：「你知道，二十世紀以後，原子物理的發展使我們真正把握到微小粒子的變動。要學化學，就要先學量子力學，再去了解微小粒子和宏觀現象的關係。如果要了解光現象，要先學熱力學、統計力學；要做實驗的話，也要學電磁學；還要學電子；這些化學系都不教。所以即使你好好念，也不太可能成為很好的科學家。除此之外，語言能力也很重要，要多學幾種外國語言，才能看得懂他國的研究文獻。」

「唔……我確實想做一個很好的科學家。」李遠哲說。

張昭鼎馬上鼓勵他，「好啊！你就好好的努力吧！」

於是乎，一九五六年暑假，大四的張昭鼎和大二的李遠哲便留在台大八舍，找來Lewis and Randall的熱力學原版書開始輪講；彼此教學、問難。張昭鼎畢業離校去念清大研究所後，李遠哲更是努力不懈；星期天一早就到圖書館念書，念到關門為止。晚上回去就把下星期的進度規劃好，絕不浪費任何時間。李遠哲就這樣發憤努力，自學了很多東西。待到畢業時，物理、化學重要的科目都學了；甚至學會說俄文，日後到俄國訪問，還講了一段俄文開場白，全場為之驚嘆。

「益者三友：友直、友諒、友多聞。」張昭鼎和李遠哲這兩位充滿理想的知識份子，從大學開始就有幸結為彼此的終生益友，互相砥礪，日求精進；即便長期分隔海內外，仍然各自努力而各有成就，真是令人欽羨的佳話（註）。

註　作者按：關於張昭鼎與李遠哲的友情故事，以及求學當時的狀況，取自李遠哲先生追憶張昭鼎的文章，及筆者訪談李遠哲先生的記錄。

▸ 畢業合照，第二排左一為張昭鼎

第三節　赴日深造與成家

女生喜歡交往的對象是何種類型？嚴肅學者型？或是風雅才子型？遇到這個愛情習題，女生多半會給嚴肅的一方不及格分數吧！戀愛靠的是浪漫的感覺，要是一板一眼按表操課，連花前月下卿卿我我也被視為浪費讀書時間，這恐怕大部分女孩無法接受。這一層道理張昭鼎大概是想透了，而且有自知之明，大學時代才沒有交過女朋友。畢竟他大學時代最關心的課題只是國家命運和個人發展，其他事都可以擺一邊。

一九五七年，張昭鼎大學畢業，受到吳大猷客座講解古典力學和量子力學的影響，考上了清華大學原子科學研究所，兼服國防役。在此除了努力鑽研原子科學之外，也花時間自學英文、法文、德文，還準備再學俄文；更努力要把最頭痛的數學補救起來。每天忙於進學的他，二十四歲，只會唸書，不會甜言蜜語，要是不相親就沒希望交到女朋友了。

話說清大最早從美國回來的原子科學博士葉錫溶教授，他的夫人有個外甥女叫洪麗嫣，台南州人，師範大學英語系畢業，在嘉義女中教書。嘉義那裡不乏結婚對象：地主、醫生幾乎天天來提親。當年讀到大學畢業當了老師的女生並不多，何況是外表清麗性情溫婉，洪小姐一時成了地方世家爭相追求締婚的熱門對象。

說也奇怪，這個大學剛畢業看來柔順的小女生，雖然聽憑親人安排去相親，內心卻自有主張。幾番相親之後，她都未答應進一步交往。家人認為好的，她未必中意。多看看多比較，小心謹慎總是好的，她想。地方上找不到有緣的，家人就請正在清大教書的姨丈葉錫溶幫個忙，說不定良緣千里外，唯待一線牽。葉錫溶教授經過一番篩選評估，覺得張昭鼎踏實，學問好，不妨介紹兩個人認識認識。

忘記是哪一個假日，葉錫溶約他們在中餐廳吃飯，刻意挑角落位置，免得熟人看見尷尬；張昭鼎平常隨性，今天也只不過注意要把衣服穿整齊，襪子顏色穿對。洪麗嫣一身粉紅色洋裝，白色高跟鞋，端莊坐著，露出淡淡的微笑，像一朵溪邊的香水百合。她說話也輕輕的，但張昭鼎像在面試，嚴肅認真答題，每一個字都鏗鏘有力。葉錫溶看了忍住笑，忙著勸菜。吃到第三道，洪麗嫣喝口茶，笑笑：「姨丈，其實我們以前見過。」

那之前的自我介紹是怎麼回事？

「我也是剛剛才想起來啦，而且當時印象……很差。」洪麗嫣笑說。

「有嗎？」張昭鼎怎麼樣都想不起來。

「有一次台大和師大學生們相約郊遊，踏青兼運動筋骨。有幾個男生到溪邊玩

▸ 大學時代出遊，後排左二為張昭鼎，前排右二為洪麗嫣

水；你朋友不小心弄丟手錶，你居然一直罵他。」洪麗嫣語調輕柔，但這番話沒什麼修飾，直接得很。張昭鼎一聽到手錶不見就想起來了，「啊啊啊，對啦，那是我弟弟隆鼎，手錶玩不見了當然要叫他再找找再找找。」

「很大聲耶。」

「郊外大聲才聽得見啊！」

笑開之後氣氛登時輕鬆許多。一頓飯後，麗嫣坐車回家。張昭鼎決心展開情書攻勢，讓這個嘉義女孩天天接到他的真心誠意。有空也南下約出郊遊。或許能說是二見鍾情吧！這對兒女終於消除第一次見面時的誤會，遠離表象的陷阱，而能互許真誠的未來。

但即使在這樣的感性時光，張昭鼎追求知識以及憂國憂民的使命感總會「露出馬腳」；比方說兩個人約會的時候，口袋裏還往往放著羅素等人的書，一有機會就拿出來閱讀。麗嫣借來隨手翻翻，內心嘀咕：「啊這在寫啥我都看不懂⋯⋯」時日久了，我們的洪麗嫣小姐越來越欣賞張昭鼎，發現這個人不僅有思想有學問，而且日文比中文溜，英文比她這個日後的新竹師院英文系教授強。

雖然魚雁往來頻繁，但女朋友畢竟遠在嘉義，無法常常同遊。有些假日張昭鼎便找新竹的友人一同慢跑、爬山；曾有一次連同李遠哲等三人，從竹東乘坐林場的卡車前往鹿場登山。盡情欣賞台灣中央山脈的美景，之後在接近山頂的林場工作站過夜。張昭鼎對於陌生人總是一見如故，看到招呼他們的壯健站長，就一迭連聲稱讚道：「這麼年輕成就這麼高，工作站的站長，不簡單咧！」李遠哲聽了，私下取笑他，他自己明明比那位站長年輕很多，跟人家說起話來卻如此「倚老賣老」。其實，昭鼎年紀雖輕，經過前此人生的磨練與考驗，在年輕活潑的臉孔上，總會浮現出特有的自信與老成；加上一股豪氣，喜歡和人稱兄道弟，對自己欣賞的人就會傾心相交，不去在乎對方的職業或年齡，一言蔽之，「率性任真」而已。

張昭鼎在清大平日生活忙碌，除了研究工作，還兼作倉庫管理員。有一次工作之餘，突發奇想，佐以實驗精神與化學知識，在倉庫裡釀葡萄酒，釀得差不多，就改做白蘭地。慢慢的做出興趣來，於是大張旗鼓的找來一堆玻璃器皿，在研究室裏做起「酒化學」。那天不巧教務長陳可忠教授來檢查實驗室，張昭鼎趕緊奪窗而去，溜之大吉！陳可忠進來只聞到酒香滿室，和一隻蒸餾器噗噗噗地冒著煙。

除了當家教、管理員外，張昭鼎也到新竹中學兼課。辛志平校長把他的學歷一看，請來面談一下，馬上留他下來教數學。後來的數學系教授、師大校長呂溪木那時就在他班上。

這段時間生活雖然忙碌，但張昭鼎很快樂；因為他的人生目標有了初步進展，已經開始走上科學研究的旅途。

張昭鼎研究所畢業，認真辦理出國留學及申請獎學金種種事宜；沒想到一九五九年十月三十一日，母親沈金倉捱了五個月病魔的摧殘，終不敵死神，去往天國，結束了她勞苦的一生。台灣南部的冬天，太陽光一隱沒，氣溫越來越低。眼看秋風蕭瑟，黃葉飄零，兄弟們心中無限感慨：母親辛苦大半輩子，母兼父職，靠一間小雜貨店養活全家，再大的苦也吃，就是為活得尊嚴。眼看一切穩定，還沒能享點福，就走了，未免太不幸了。小時候躲砲火、負責煮飯、母子同擠兩張榻榻米的往事如潮水洶湧，拍打張昭鼎的心岸。望著母親的遺照，再豐富的祭品也抵不過滿懷的思念之情。

除了家庭變故之外，整個社會現實也讓他極端煩躁。六〇年代，國家一樣封閉，美國雜誌上的可疑內文總是被新聞局手工畫上粗大的黑線遮掩，這對求知若渴的他來說當然不可忍受。他對同學發牢騷，罵政府，卻無可奈何；他對國勢落後感到悲憤，卻又徬徨無力；不知如何才能找到動力衝破這無邊的苦悶。唯一可行的路看來只有出國進修了。宗鼎兩年前已去了德國，台大物理榜首——自己的初中同學謝雙源也早一步先到了美國。張昭鼎想自己可以先去日本，再從日本轉去其他國家進修。

隔年六月，張昭鼎獲得聯合國國際原子能總署（IAEA）獎學金，赴日本原子力研究所進修。能夠去日本，是因為那時台灣仍為聯合國的會員國，台灣有原子爐，所以國內的科學家可以申請聯合國獎學金去日本受訓。

到了東京，進了市區，載著張昭鼎的接駁車莫名其妙被堵在路上。張昭鼎很好奇，說：「什麼活動啊這麼多人？」司機緊皺眉頭，憤怒地說：「抗議啊！首相未經討論，固執地表決通過修正後的『日美安全保障條約』啊！把國會全體當成傻瓜，大家都在國會前面抗議呢！」他吃了一驚：已經是晚上了啊！回到旅館，整完行李躺在床上，肉體疲憊不堪，心情卻激動不已：這是台灣不可能有的反政府遊行啊！趁著這四天在東京，應該要好好觀摩一下。

他隔天站到國會前面，看見背孩子的主婦、白髮蒼蒼的老太婆，伴著舉標語綁白布條的男人一起吶喊；喊過國會，喊過首相官邸，喊著要首相岸信介下台。所謂日本精神，在美日情仇與今昔對照的感慨下被激發，凝聚成黑暗之光，耀眼無比。他感動之餘同時又深思：只靠吶喊，不可能逼政府官員下台，有精神，有聲音，還要有策略和行動；然而前提必須是你「能」，政府不給這個權力，你便「不能」；而台灣的國民黨政府緊抱權力不放鬆，搭配武力與暴力，能奈他何？民主何時才有啟動的契機？

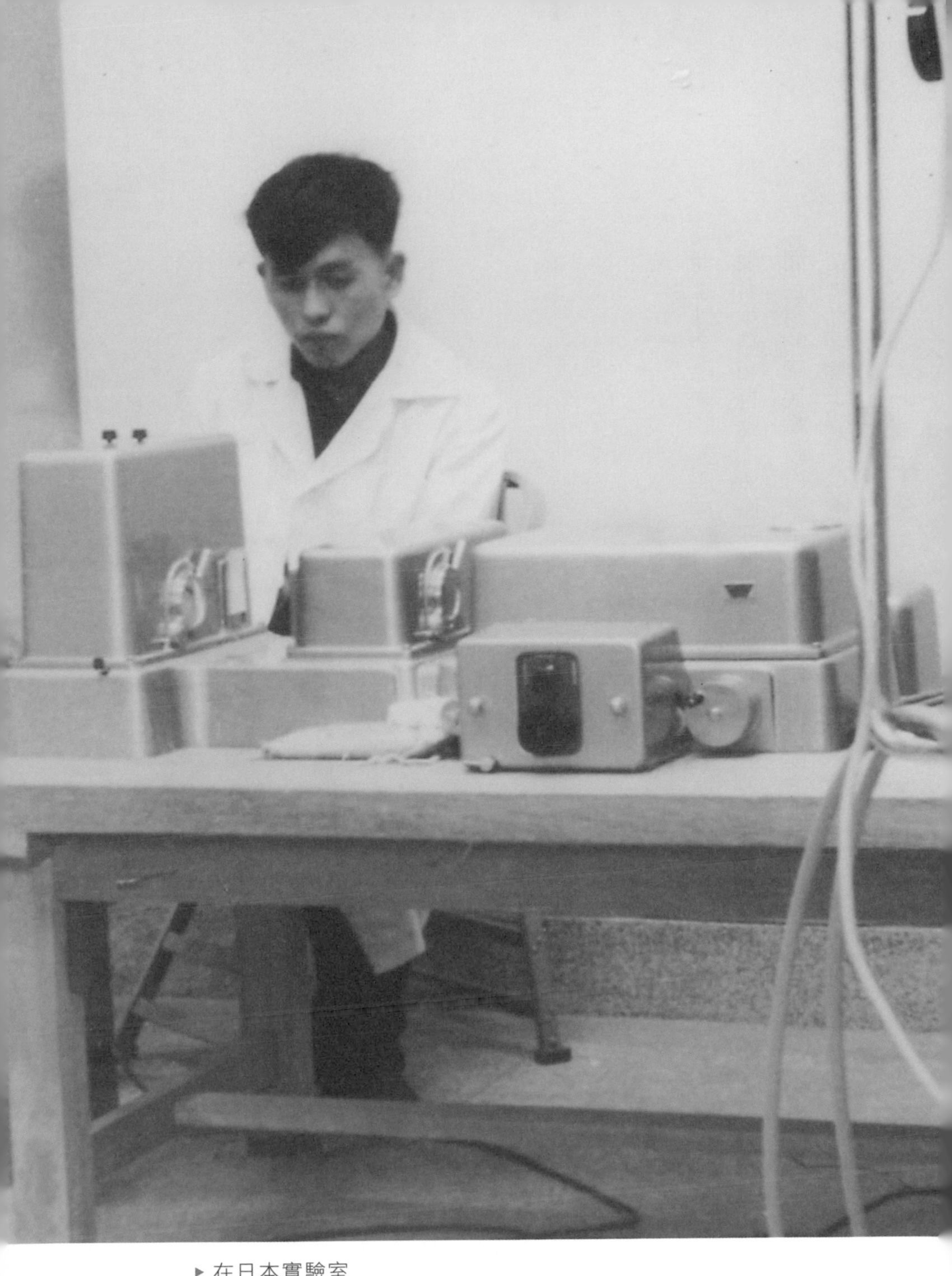

▶ 在日本實驗室

這次的見聞，加深了他對台灣命運的憂思。然而大部分的時間，他都振作精神作研究、參加研討會、發表論文，這一切構成很大的身心壓力，讓隻身在外的張昭鼎常常感覺腦袋震盪暈眩，噁心想吐。幸好洪麗嫣不時捎來問候信；自己也陸續認識許多台灣來的留學生，像林清涼、劉延昭、廖文毅等等可以一起聊聊天抒發情緒，讓他頭痛之餘還不致於積鬱成疾。而他特殊的身世言行也讓他周遭的人印象深刻。林清涼日後回台大任教，聽見人家叫張昭鼎鴨母王，就會想起從前在日本的事，也會想起愛跑步的張昭鼎笑他晚起時總說：「你起床時我已經跑完五公里了！」

張昭鼎在日本期間，購買很多簡體字書籍來閱讀。張昭鼎愛智成痴，對中國的左派運動也一向懷抱興趣；日本又有最好的魯迅研究，足以對民主和民族性的問題帶來啟發。但是即便在先進的日本，民主也有缺陷。一九六〇年八月到九月為了參加放射線同位素講習會，張昭鼎住進東京清華寮，期間發生清華寮事件——日本警察進入宿舍，搜捕親共學生，保護先前被毆打的國民黨學生。其間國民黨特務、職業學生介入等內幕自不必說，但日本政府為了探知清華寮學生思想，而配合國民黨演出的行為也大可非議。張昭鼎想：如果魯迅看見這種情形，他批判的匕首想必更加鋒利。

幾個熱血青年在一起總會談到台灣的狀況。「台灣當然要獨立！」支持台獨的留學生語氣堅硬，「國民黨靠警察、特務來恐嚇台灣人，阻止台灣人民拿到政治力，哼，什麼選舉都是玩假的！在大陸吃了敗仗來台灣還囂張、猖狂，我們台灣人一定要團結，一定要獨立……」

「怎麼獨立？一點集會自由都沒有怎麼獨立？」張昭鼎問。

「當然是靠美國幫忙，只要能打倒國民黨，什麼都比國民黨好。」

張昭鼎聽了搖搖他那顆大頭：「去年秋天，我和小弟去看我爸的朋友尚原伯，他說日本人統治的時候他一心盼望去看萬里長城、長江黃河；好不容易，台灣光復了，卻迎來蠻橫無理、貪污騙人的官僚。這嚮往和失落的心理過程很多人都有；不過，人雖然壞了，但是悠久美好的傳統還在，我覺得不應該對中國失去信心，向美國靠攏，甚至屈膝卑躬……」

「中國！中國！中國是哪裡在好？」

張昭鼎和這些台獨人士話不投機，虛應了幾句就離開了。但他也不服氣，繼續向其他朋友說：「美帝勢力持續入侵台灣的事實他們看不出來嗎？當然要先抵抗美國勢力入侵台灣，其次才是對付國民黨啊！他們要去當美國人的奴隸嗎？帝國主義在背後撐腰，而讓小資產階級、地主來領導獨立運動，那不是災厄是什麼！」

在寫給哥哥的信中他講到：

像我們這樣的窮人，在目前的環境下，作學問實在難極了……在觀念上我們已經否定「立身出世」主義，我希望在實踐中也能夠解決這一點：剷除掉不知不覺隨著智識增長和世俗評價的提高而增長的小布爾喬亞思想，這意味著否定自己曾經力求達到的一切。

從以上我們可以看到，社會主義思想，早從求學時代就已走進他的生命裡，他反覆思索觀察，不只批判別人，也能深切反躬自省。

一九六一年，張昭鼎一來已經獲得德國原子能獎學金，二來歐洲共同體所屬的原子能研究機構（EURATOM），在原子科學的研究上並不遜於美國；三來哥哥宗鼎在德國，基於上述因素，昭鼎當然亟願赴德。然而，張昭鼎向台灣原子能委員會申請由日本轉赴德國進修，竟遭到拒絕。理由是，張昭鼎在日本並不鑽研原子核物理，而是運用原子科學技術做為研究工具，「乃實用取向，為國家科技發展所必需。請速回國，勿誤。」

通知信像柄寒刃，削去張昭鼎的頭髮，讓他從頭皮開始發冷。他呆了幾秒，想到留德的夢破碎了，更上層樓的路斷了，理想全毀了。最後才驚覺自己的處境十分危險，台灣方面一定知道自己的事了——在日本，和大陸人有來往，也接觸許多左派的台灣留學生。在給哥哥宗鼎的信中，他寫道：「剷除掉不知不覺隨著世俗評價的提高而增長的小資思想，在心理上不畏懼摧毀一切，重新再來……」這些思想、行動種種，都觸犯當道。要是回台灣之後，受到審訊刑求，逼自己說不想說的話，做不能做的承諾，簽不能簽的聲明等等違背己願的事，真的不如死掉算了。盲人一旦重獲光明，豈能又自行戳瞎雙眼？

他趕緊修書一封給李遠哲，麻煩回台灣那天到基隆港接他（要是真被政府逮捕，李遠哲又能怎麼辦？只不過是請他來壯膽而已），信末附註「若有不幸，煩請寫信給日籍友人，就說『請替他買翻版書』，那個朋友就知道了」。又另外寫了一封信給哥哥宗鼎，略敘如此，信末又加一句：「不寫了，以後不能放肆寫東西了。」

抵達台灣那天，站在甲板上，他聽得見自己的怦怦心跳，遠遠望見基隆港口，好似一隻伸長的彎曲破碎的手臂指引船隻慢慢滑向黑暗的未知，異常恐怖。一想到光是在國外接觸過台獨人士或異議份子，就不知道有多少麻煩事在台灣等著他。下船時看見了李遠哲，和至友一握手，突然精神一振，勇氣從心底滋生，登時把無形

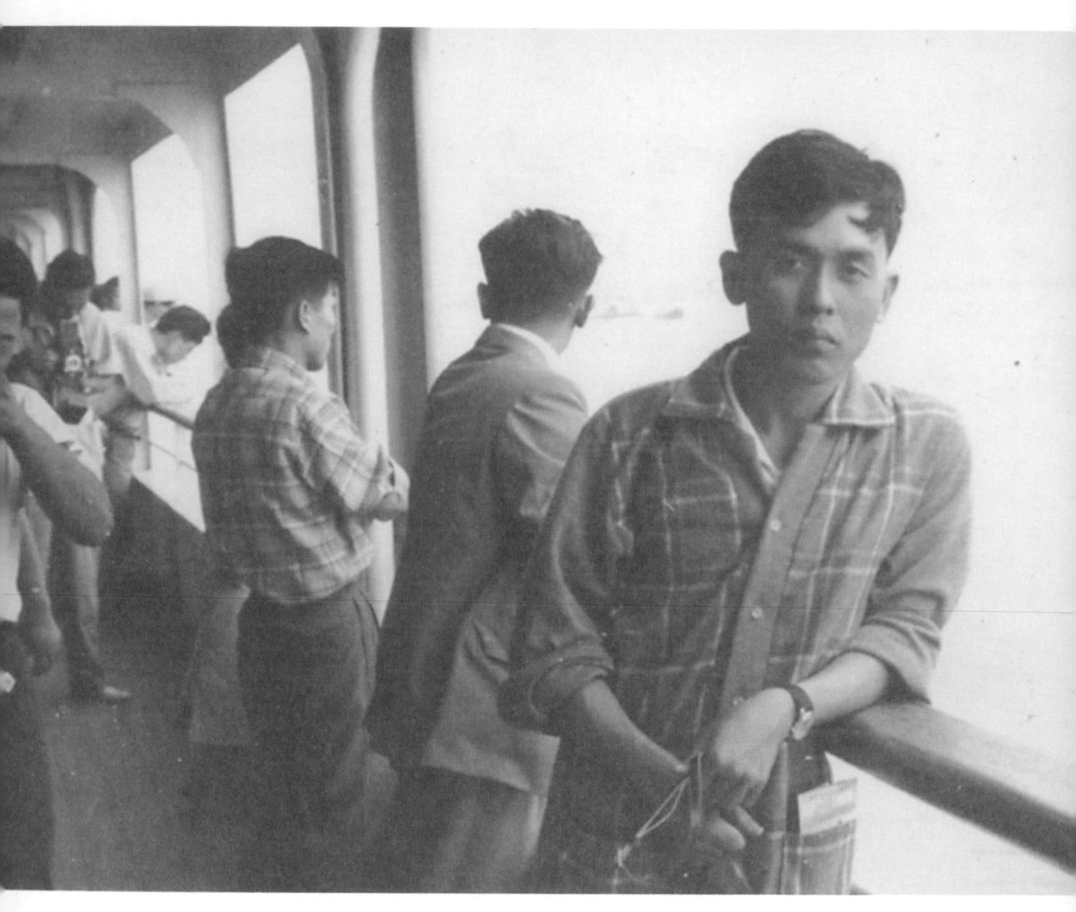

▸ 張昭鼎在輪船上

的恐懼趕下海洋深處。現在他準備面對厄運了，但出乎意料，這次厄運並沒有找上他。過一陣子才輾轉聽說，原來在他留日時有清大教授和國民黨合作，密告他思想有問題，因而被召回台灣不准轉往德國；幸虧他不支持台獨，否則下船後恐怕凶多吉少。

張昭鼎回清大後，進入原子科學研究所擔任講師，和當時就讀清大研究所的李遠哲一起作研究，分析北投石的化學結構與所含天然放射性同位素，後來又在葉錫溶教授建議下利用鈷－60伽瑪射線（γ-ray）做高分子的放射交鍊研究，這些都讓兩人廢寢忘食地埋頭苦幹。不久，李遠哲拿到碩士學位後，便赴美留學。而張的胞弟楊末雄大學畢業後，在蘭陽女中教了半年書，經張昭鼎引介來同位素組擔任技術人員；不久赴日留學獲博士學位，再返清大任教。兄弟倆一同在科學領域各自努力，也是一樁佳話。

張昭鼎回台灣之後，「捍衛洪麗嫣」成了他此時重大任務之一。在愛情世界裡，幾秒鐘就能有所變動，更何況他這一年都遠在日本？人在新竹上班的他，加緊寫情書；一有什麼風吹草動，馬上就南下宣示主權。聽說大地主又去洪家提親，便趕忙下嘉義陪洪家人吃飯；洪麗嫣要出國進修，便急忙追去機場送行……本來洪家擔心

▸ 結婚照

這個男生個頭不高家境不好，女兒嫁過去要受苦；但是張昭鼎去日本回來，就進了清華當副教授，工作穩定前途無量；而且又是親戚介紹可以放心。最後是洪麗嬌的哥哥特別認同科學家，大力支持張昭鼎做為妹婿，這樁婚事就決定了！

一九六三年十月，兩個人在台南結婚。麗人嫣然，與汝偕行，自是得意歡暢。然而呼吸著童年南部的空氣，回憶起童年那一段艱辛的日子：朋友鄰居的濟助，以及媽媽為了養活一家人，踩軟了鐵馬的一雙腳……他胸口止不住熱血翻湧，明明知道太多的恩德難報，這輩子卻再沒機會了。除了把自己回饋給社會，還能有別的方法嗎？

來拍照吧！麗嬌喚著。

婚後數十年間，麗嬌的媽媽細心地把報紙上關於張昭鼎的消息全剪在一本簿子裡，仔細留存女兒女婿的生活與回憶。這本紀念簿的第一張照片，是大家聚在教會門前拍的。麗嬌後來回憶，教會院子裏花樹繁茂，白燦燦的花瓣繽紛飄落，一群人莊重而嚴肅的，拍下了那個馨香早晨的美好心情。

▸ 教會前家族大合照

第四節　德國的天空

新婚不久的張昭鼎，按捺不住興奮的心情。覓著了終生伴侶；重新申請留學也順利通過，再過幾個月就可以到德國唸書；一切都走在正確的道路上。更重要也更新鮮的是，麗嫣懷孕了。

為此，張昭鼎總有些忐忑不安。這是第一個孩子，但是自己卻不能一直陪在妻子身邊。反倒是洪麗嫣知道他的心事，妥貼的掩藏所有的不安，直說去吧沒關係，等孩子出世了，再過去找你。

當時，出國留學的附帶條件往往是加入國民黨，不管你的意願如何；張昭鼎也無法倖免。一想起加入國民黨這件事，張昭鼎總是惱怒不已。他在給宗鼎的信中反省道：

> 有時候我突然會感到不安：隨著年紀，有時候理想會隨著慾望流失——自己有被朋友這麼說過嗎？自己的目標和動機變得功利了嗎？這是事實嗎？

其實，要想參與公共事務、出國唸書，都必須入黨。那是時代的特徵，必要的條件。許多日後的黨外人士，都拿了國民黨黨證。他不知道的是，因為這一層關係，從現在開始到解嚴的四分之一個世紀，他的國民黨身份成功的保護他和異議份子交往的事實；更成功的減少許多來自官方的阻力，有助推動台灣社會民主化，幫助他完成許多有益台灣社會的工作。可說是化受害為受益，真乃始料所未及。

一九六四年，獲得德國宏博獎學金的張昭鼎終於坐上飛機，圓了留學夢。宏博獎學金十分優渥，獲獎的學者由德國總統酒會招待，基金會並安排一個星期的德國旅遊：先在波昂聽音樂會，再坐船到曼因茲（Mainz）。船上的啤酒隨你喝，香腸隨你吃；轉一圈再回海德堡。張昭鼎喜愛歐洲文化，試圖藉由瞭解德國習俗，探知德國文化底蘊，進而研究德國民族性的要素，以及歐洲科技如何影響全世界——這一整個所謂「歐洲化」的過程。宏博每月提供兩千三百馬克的津貼，相當於台灣中階公務員的三倍薪水，這麼豐厚的待遇，其中當然不乏拉攏人心，幫德國在世界「佈樁」的意圖。

一人隻身去德國進行研究，雖說令人羨慕，實則有苦難言。這裡的太空科學研究，講求紮實的學問根基，和反覆的實驗操作。德國人的生活習慣和作息，和台灣相較，其間差異又不可以道里計。幸虧還有哥哥宗鼎作伴，心裡比較踏實。宗鼎自從到了德國，參加台灣同鄉會，就有了台獨嫌疑，馬上被臺灣方面列入黑名單，回國無望；此番與闊別三年的兄弟相逢，自有不同於一般的熱絡。有一次宗鼎請弟弟上館子，聽著弟弟揮舞刀叉忘形大談國內政治，忍不住提醒他飯桌禮儀，張昭鼎一個不耐，擺擺手，叫道：不要管我啦！

唉，弟弟還是這麼直率啊，不愛假文雅裝風流。

「你還是這麼憨直耶。」

「我天性這樣啊！」昭鼎嘆口氣，「也不知道對麗嫣會不會有影響。現在政府只讓一個人出國，家屬要來，很難啦！申請過來要透過教育部，但教育部拖拖拉拉，而且還要有介紹信、推薦函，還要在德國找人作保，她台北嘉義來來回回不知跑過幾百次，說不定根本是因為……」

「免煩惱，我來想辦法，說不定有朋友願意幫忙。」宗鼎雖然口頭上樂觀，心裏頭卻忐忑，他怎麼會不知道事情有多棘手？加上為兄的自己又被列入政治黑名單。「免煩惱啦！」他隨口又說一遍，實在也是不知道怎麼辦。弟婦身懷六甲，還要負擔家計；阿常為著理想，離開她身邊，她不但體諒，信裡面絕不叫苦，就為了要他寬心，但是可以想像得到她是咬緊牙關過日子。

「你家麗嫣實在了不起。」

張昭鼎苦笑——不得已啊！你我都知道，不得已啊……

阿常：

你在德國好嗎？是不是還在下大雪？我現在不把自己包成雪人是不肯踏出門的。然而，不必擔心我，身體尚佳，而且寧芝有媽媽幫忙照顧，我還能喘口氣。另外，我抓緊空閒趕辦赴德手續，其中繁瑣與難處不必多說，你自能料想。寫信是為了告訴你一個好消息：二哥考上了國貿局，派駐比利時，有這一層關係，請求陪赴歐洲應該比較有利。這是天賜良機，但成不成也只得聽天由命吧！期盼德國相見！

麗嫣

原本眷屬來德的手續如下：先由德國的工廠或負責的機關商號出示一聘書，保證來德後的生活費及旅費無虞，接著拿這張聘書到德國警察機關查驗，無誤後蓋章；警察局再把這聘書寄到比利時大使館，會同台灣的大使館一起調查，核實後再蓋章。經過這兩層檢驗，眷屬才可以開始到僑委會辦理出國手續——手續當然沒完沒了，百般刁難，這裡也就不必細數了。

一九六五年，洪麗嫣在二哥的陪伴之下，抱著幾個月大的寧芝飛到德國。終於在異鄉團聚，一家人既感動又感慨。

幾個月過去，洪麗嫣慢慢摸清楚了先生都和哪些人物往來。有次麗嫣在德國的大哥來信抱怨台灣學生出國都在讀馬克斯，把三民主義都忘了；麗嫣心裡暗覺好笑，大哥不知道她的先生結交的，除了政府派來德國學原子科學的軍人，就是大哥信裡罵的、因思想問題被迫流亡不能返國的「那些人」。張昭鼎的理念不是台獨，但是同情台獨，在某種程度上願意相助。可是，唉，有些事彼此心知肚明就好，說太多太危險，夫妻間只好專找些安全話題聊。例如張昭鼎常常得意的說：「別人的老婆來此都要打工賺錢，我有獎學金，所以妳不用去端盤子，還可以歐洲到處跑。」她揶揄道：「給你這麼多錢是要你做『德國之友』，我當然要沾沾這份友好情誼啊！」兩個人談談笑笑，忙中取樂。

他在這裡研究太空科學、宇宙化學，隕石成分分析，算是尖端科技，他把對自己的期許，化成文字：

▸ 張昭鼎在德國，左一為戴東雄

「要使現代科學和技術在台灣這塊土地上落根成長，需要做一番耕耘下肥的苦心。學習科學需要擺脫足以束縛個人創造力的因襲的生活方式、想法等，我們不要又踏上老一輩人的覆轍。」

有天，張昭鼎接到了戴東雄來信。在異鄉接到過去家教學生的消息，別是一番興奮。原來戴東雄已經在海德堡念了一年的法律，但過程極為不順，因為這裡的德文檢定考特別苛求，難如登天；加上法律條文一絲不苟，無法容許論文在字詞語意上有半毫失誤。偏偏海德堡的臺灣留學生特別多，有施啟揚、翁岳生、王仁宏這些朋友天天在一起，說的多半是母語。這群台灣同學開玩笑說，戴東雄啊，跟我們混你的德語完啦！戴心裏難免發慌，於是透過父親輾轉寫信給張昭鼎，希望他能幫幫忙。張昭鼎自然樂意之至，馬上回信建議戴轉來曼因茲唸書，自己較能使得上力，一來此地語文要求較海德堡寬鬆，二來方便就近照顧。有這層關係，加上翁岳生也勸他先離開海德堡，以後想回來再說，戴東雄就這樣去曼因茲投奔張昭鼎了。

單身的戴東雄從此常常去張昭鼎家吃飯，租屋的地方沒有熱水，便去張的宿舍洗暖呼呼的熱水澡。有人照顧，戴東雄的心情較為安定，能專注於學業。每天，他念完書，不論早晚，經過張昭鼎研究室樓下，抬頭看，永遠燈火通明。那一汪橙黃的光，像一章悅耳的音樂，動聽悠揚，滿是喜樂，彷彿在提醒他，做學問真積力久才能有所得。

別看張昭鼎一心向學時身心肅穆，一旦得閒，比任何人都瘋。一次載著麗嫣、女兒、戴東雄三個往維也納旅遊。幾個人聊得太開心，小娃娃寧芝也在媽媽懷裡嗚嗚呀呀的加入討論；一眨眼，錯過交流道。張昭鼎問：「剛剛有看見警察嗎？」「沒有啦！」「那我們就慢慢倒車回去。」三個人左顧右盼，張昭鼎打倒退檔，景色前移，小娃娃也感覺到不對勁，完全安靜下來。麗嫣朝著她笑了一笑，一抬頭，兩個警察不知打哪裡冒出來，站在車子旁邊，拿著警棍。

「甚麼時候冒出來的！」戴東雄嚇了一大跳，學法律的他比別人都清楚，在德國觸犯交通規章要判重罪。

張昭鼎靈機一動，說：「假裝不懂德文！」

話還沒說完警察就向他們要駕照，張昭鼎和他比手畫腳，故意把皮夾翻來翻去，拖延時間；洪麗嫣急得心跳八百，這怎麼得了？怎麼得了？

寧芝這個小娃娃，瞪大眼睛看著兩個陌生人，突然一下子大哭起來，越哭越慘，震天價響；旁邊核對證件的警察十分不耐煩，問問題聽不懂，講話講不通，還要忍

▶ 照片右一為戴東雄，右二為張昭鼎，左一為洪麗嫣，左二是大女兒寧芝

受小魔鬼哇哇大叫，最後擺一擺手，放他們一馬，甚至還護送他們下交流道。戴東雄後來回憶說他從來沒有這麼感謝一個小娃娃過；而張昭鼎當時倒是泰然自若，還開玩笑的對麗嫣說：「聽說德國人最怕小孩子哭，妳剛剛是不是偷捏女兒的屁股啊？」

張昭鼎在德國的趣事還不止這件。他小時候窮，長大了愛吃，好美食，這是出於對童年匱乏的補償作用。他對蝦蟹海鮮的誘惑完全沒有抵抗力。有一次趁開會之便從漢堡買了大龍蝦回曼因茲，興奮的要請大家吃；打開後車廂，啊？空的。龍蝦游走了嗎？不是，因為他忘在漢堡旅館冰箱裡頭了。

「啊，怎麼會……我開車，開車回去拿。」大家連忙勸阻他，因為到漢堡的車程，要六小時。

三年苦讀，張昭鼎完成了博士論文，論文旨在討論如何利用鋁－26及鈹－10同位素，研究鐵隕石的宇宙線照射年齡。在這段期間，蔣介石指示國防部部長蔣經國，於一九六五年四月一日成立「石門科學研究院籌備處」，即「中山科學院」的前身。到一九六九年正式成立時，裡頭已經有原子、電子、航空三個研究所，並且計畫興建一個原子爐，能量規模是清華的百倍大。硬體構建的同時，中科院積極網羅人才，第一個就想到化學、原子科學研究卓然有成的張昭鼎。提出只要來中科院，就可以獲得回台旅費、研究經費、以及參訪美國一切費用的條件。但張昭鼎顧慮中科院是軍方機構，必有種種束縛與不便，因此婉拒，暫時在曼因茲的馬克斯—普朗克研究所（Max-Planck-Institut für Chemie）做博士後研究。要到一九六九年，回台任教清大年餘之後，才兼任中科院核能研究所研究員，緊接擔任無機化學組主任至一九七九年。

當初有人猜測：中科院提出這麼優渥的條件，張昭鼎都不回來了，恐怕他和其他人一樣，看見台灣處境艱難，就選擇留在國外。他們錯了。張昭鼎沒有財產，沒有背景，沒有後台；從鄉下寡母帶大的孤兒，力爭上游成了台大學生，乃至赴日本進修，最後是德國博士。張昭鼎如今有了名聲地位，確定擺脫過去的困境了。這時他想的不是自己的功名利祿，而是有能力了，出頭了，要回頭去幫助別人。他在德國時對海因里希．伯爾（Heinrich Boll）的小說感到興趣，因為他描寫戰爭、罪惡、人性、小人物，而這正是張昭鼎關心的。他出國留學目的就是學成之後要回國貢獻所長，要為台灣做事；況且當初答應陳可忠校長學成一定回國，是約定，也是報答。所謂「言忠信，行篤敬」，張昭鼎看來不拘小節，其實很有原則。

留學德國，對張昭鼎影響很大：他看見先進國家成熟的體制與民眾的民主素養；也看見社會正義必須靠公民的自覺與努力，才可能完成。或許這可以稱為「社會民主主義」，法律之前人人平等，大家享有相同的權利與自由；也互相照顧，合理分享社會資源。這種境界是台灣未來的目標，而且現在就要起跑，現在就要從教育、制度上進行改變。

博士後研究做了半年，他終於下定決心回台；他要把自己獻給學術、社會、民主、自由。臨行之際，研究所贈送一塊月球隕石給他，讚許之意與期勉之情盡在其中。

他要回台，要撕開鉛灰的天空，去釋放烏雲後頭，金燦燦的陽光(註)。

註　作者按：戴東雄教授與作者談話時熱情提供自己在德國時與張昭鼎的相處回憶，在此致意。

第三章　學術研究與教育的投入

第一節　不倦的教學熱忱

站在清大校門，抬起眼睛，就可以看見屹立不搖的化學館——這棟張昭鼎一九六八年回台任職副教授的所在。白天，清風爽颯拂過山上的樹林，直吹進教室，讓揮汗如雨口角生沫的張昭鼎緩口氣；夜晚，研究室掛上一盞燈，埋首化學研究的學生們眼底、心底都沐浴著光的暖黃。

張昭鼎剛回國時，台灣化學界的研究與教學仍然處在很薄弱的狀態，他帶著嶄新的觀念和旺盛的精力，立刻成為放射及無機化學領域的拓荒者。在那個年代，有幸受教於他門下的學生，咸認張昭鼎不但是位認真的老師，更是位啟蒙者。

他最先開設了高等無機化學和分析化學兩堂課，一開口就讓滿座的同學眼睛一亮：這個老師上課，沒有廢話。基本原理交代得清清楚楚，緊接著舉出原理運用的實例，信手拈來，學生豁然開朗；他繼續扣其兩端而問之，激發學子們鑽研問題的熱情，免去古板的「講光抄」，代以師生互動模式。每堂課都有新鮮的東西，令學生興奮不已。例如講到使用離子交換樹脂去分離重金屬，所牽涉到的不只是使用樹脂的技術，更有許多元素的化學特性要考慮。所以往往下課學生還不放老師走，繼續討論，甚至爭辯起來，非要弄個水落石出不可；而張昭鼎總是樂意奉陪到底。

▸ 張昭鼎在課堂上指導學生

因為張昭鼎是貫通很多書以後把重點抓出來，在課堂上講解；所以學生也要自己先用功讀書才知道他在說什麼，其中好處必經由努力專注的學習才能體悟。到了大三、大四，張昭鼎把學習難度更加提高了；為解決問題，學生被逼得必須多自修多看書才能進入狀況。例如他教群論、講空間結構，都很難，聽不懂的人只好加倍努力，並與同學相互討論推敲；漸漸才發現老師其實教得很好，用的是綜合比較、分析提問的方式。上了研究所以後，每一門課程對張昭鼎的學生來說都駕輕就熟，因為大學時代就學過了。

張昭鼎開始教授無機化學的第一年，即向學生介紹現代無機化學基本理論之一的配位場論。為原來國內平淡無奇的的無機化學界帶來了生命力，也帶動了學習無機化學的熱潮。清華化學系所在無機化學方面的教學與研究水準，一直傲視全國，在這方面張昭鼎的啟迪、鼓勵及貢獻，佔有很重要的地位。

除此之外，老師上課的一些細節，也是學生偷偷交換的重大秘密。張昭鼎會說中文，閩南語，精通英文，德文，日文，旁及法文、俄文，幾種語言交互影響，讓他說話有種特別腔調，特別是「氣體（GAS）」這個字，他總念成ㄍㄧˋㄚ・ㄙ，同學們一聽到GAS的獨特唸法，總是會心一笑。私下去找他，他常常說閩南話，搭上隨性的外表，大有少年時期建中工友的味道。

說到語言，張昭鼎在家全講台語；然而他外語能力之強眾所皆知，還曾拿自己的英文揶揄任教當時新竹師院外文系的太太。日文更可說是「專精」，二哥張漢鼎的日本朋友曾告訴他說：「你弟弟的日文非常非常好！比大部分日本人都好！」此外，即便回國後事務繁忙，他還買了全套的法文與俄文教材，逼自己繼續進修，期望退休之後，不假翻譯之手，便能以各國原文讀原典。這個願望雖然落空，但他自期如此，怪不得學生們也堅持精進自我的英文能力。當時台灣與國際接觸少，大家的英文普遍不好，畢業也不要求英文檢定；但張昭鼎平日便要求學生用英文報告，特別是有外賓的時候。有次日本教授來，張昭鼎邀請他一起去研究室和學生討論學術。研究生們被迫以英文介紹實驗室的工作內容和方向，讓日本教授刮目相看。在國外發表論文也是學生自己用英文寫，張昭鼎才不幫你寫，你寫完了他負責簽名而已。如此，學生們的英文能力自然提高了（註）。此外，張昭鼎又在夜間義務教學生們科學德文。八〇年代以後，臺灣社會更加開放，有些課張昭鼎甚至用閩南語講，特別是 MEETING 的時候，幾乎全是閩南話了。這是他對自己與學生的一份親切。

註　張昭鼎的學生張敏超回憶，學生時代，有一次他故意埋怨張昭鼎英文「太差」，用英文出化學考題，害大家都看不懂。張昭鼎笑一笑，以後就改用中文出題了。

於是，一回國就轟動清華化學系的張昭鼎，馬上抓住學生的心，畢竟在那個閉鎖的年代，像張這麼具有個人特色，教育思想開放又努力激勵學生，用心引導他們自發學習的教授還在少數。

還有，為了改變學生光說不練的心態，他甚至還找民間師傅教學生吹玻璃。「吹玻璃？我們為什麼要學吹玻璃？」同學心中充滿狐疑。有人開玩笑，說：「大概是要我們傳承民俗工藝吧？」

上課當天，當大家看見燒玻璃的機器，一尺高的火焰，心裡才真正感到刺激與恐懼。師傅仔細教導如何控制火焰，吹氣時嘴裡力道要平均，眼睛要觀察玻璃外形的變化，耳朵要聽軟玻璃的聲音，因為一涼就脆了硬了……一番話宛如佛讖，全班聽完一臉迷惘。輪到自己，玻璃永遠就是橡皮糖的模樣，燙口又扎手；頂多吹出一個泡，一下子就破了，每個人都沮喪不已。張昭鼎看在眼裡，回學校的路上他問：「你們知道為什麼來這裡嗎？」學生們累了一天，連玩笑話都講不出，他繼續說：「你們手上現成的玻璃器皿，看似方便，但是你怎麼知道『方便』不是實驗上的陷阱？實驗就是要做前人沒做過的，才有開創性。你要的特殊器皿，實驗室沒有怎麼辦？對！就是自己做！」

幾句話，就讓同學看到老師追求學問的毅力與解決實務的能力。學問哪能照書走？只知依樣畫葫蘆說穿了就是不進則退。

就因這積極奮發，孜孜不倦的精神，以及他在學術研究上的重大成就，一九七〇年，回國第二年，張昭鼎升等為教授，並獲頒第八屆十大傑出青年獎。一如推薦人清大徐賢修校長指出的，張昭鼎對放射化學有重大的貢獻，對隕石年代之分析亦有成就。尤以在清華大學同位素藥用碘的製造，目前為國際公認最好的方法。推薦理由還有兩個：一、孤兒苦學，終有成就，足為青年楷式。二、任教以來，指導學生研究有方，備受青年愛戴。

十大傑出青年的頒獎地點在花蓮亞士都飯店，總統親自接見，頒贈「金手獎」。他想，這不但是對自己的肯定，還可告慰在天上的父母親，甚至整個家族。吃苦奮鬥了三十幾年，終於從社會底層，一步一步走向社會中堅；雖遺憾雙親未及親見自己乃至兄弟們的成就，然而，人生的意義，不就在於己立立人，兼善天下嗎？身為知識份子，是否可以超越政治黨派的限制，而始終如一為理想奮鬥呢？

腦海正胡思亂想，劈哩啪啦的閃光燈一陣亂拍，把他拍回現實舞台，他連忙和「石頭公」蔣介石握手。領完獎，還得去「遊街」，現在講起來覺得匪夷所思，但想想，傑出青年就是要表揚給大眾看見，讓人見賢思齊，所謂「足為楷模」嘛！他披上紅色彩帶，襯著雪白「傑出青年」四個字，極端耀眼；妻子麗嫣穿上粉紅色厚

▶ 十大傑出青年與蔣中正總統，右一為張昭鼎

▶ 於吉普車上接受公開表揚

毛呢料格紋套裝，陪著丈夫站在吉普車上遊行花蓮市區，宛若東方賈桂琳。當年同時獲選的傑出青年有十位，其中一位的夫人是有名的中國小姐；二十幾年後那位傑出青年當上行政院長，就是連戰先生。

老師去領獎，學生回宿舍。大家都想「這週總算可以輕鬆點了。」星期天有颱風，老師人又在花蓮，不可能回得來；雖然沒明白說停課，但用普通邏輯推測推測，很容易得到結論。學生們就這麼迷迷糊糊睡到了星期一早上九點多。直到天光伴著鳥聲，聲聲敲打窗玻璃，聲音越來越響，他們終於意識到不是鳥聲，是有人敲門。「快起床！助教說張老師回來上課教室沒半個人，要發飆了！」門被推開，那個敲門的同學全副武裝像個捕快，一間一間的追殺下去。不到半小時，這群衣衫不整的學生陸續衝進教室，張昭鼎有如臉色鐵青的包公，端坐台上。

「颱風天就不用上課嗎？一個比一個偷懶！以為我不曾回來是不是？告訴你們，我坐夜車連夜趕回來！」課索性不上，把學生痛罵一頓。

教育是全面性的工作，怎能馬虎？怎能偷安？張昭鼎竭盡心力輔導學生，不只是工作盡責，更有傳承知識，開創未來的淑世懷抱在其中。

就因為他認真嚴謹的個性，回國才兩年，就升上教授，比起別人平均六年升教授，要快上三倍。雖然如此，但是台灣的學術研究環境畢竟困難，在台灣做的研究再好，還是無法和國際第一流研究接軌而做出世界級的貢獻；何況當時的清華，研究設備還不很齊全，甚至很多地方都還是黃土，特別是原子爐附近十分荒涼，學生常常傳言在這看到白衣裙黑長髮的女鬼。

大環境限制之下，張昭鼎更加照顧自己的研究生。學生如果不能回南部過節，就會送他們粽子、月餅等等；到了週末，學生常獲邀至他家，清大東院十七號，包水餃，吃午餐。學生也喜歡上門看看寧芝和瑛芝這兩個漂亮的小師妹，稍微彌補一下系上陽盛陰衰的缺憾。

張昭鼎明白，照顧學生就是照顧台灣社會。他去過德國、日本，見識過先進國家的格局；沒想到台灣經過日本統治，光復二十年之後，還顯得這般落後，所以他必須盡力做好科學教育，希望台灣能站起來。台灣要發展，全面的提升最重要，教育、法制、基礎建設，磚瓦樑柱，無不亟需眾人努力。

一九七二年，李遠哲回清華客座講學一年，這是兩人闊別十年後第一次見面。張昭鼎發現李遠哲不是書呆子，將來必有大作為。一九七九年。兩人共同發動系友捐書捐款，將募集到的款項，用來成立系圖書館；又以個人名義訂書、訂雜誌，再轉贈給圖書館，為今日的系圖奠定基礎。他們就是這樣，為實踐理想，有規劃，肯

▶ 帶學生郊遊，左一為張昭鼎

行動，不怕煩，一點一滴從做好每件小事開始。

一九七九年，張昭鼎被選為化學系所長兼系主任。在他的帶領下，化學系積極推動研究發展，與國內各大機構、企業界合作，包括了化學工業研究所、中國石油公司、中國化學等等，加強了化學系內的實務經驗。八〇年代以後，政治開放，各個知識領域瘋狂向前邁步，台灣社會一夕數變。一九八二年，李遠哲等十五名院士提議成立「原子與分子科學研究所」，通過院士會議、總統核定後，正式成立籌備處，由張昭鼎擔任籌備處主任。原本教務、研究、《科學月刊》的社務、改革運動的參與等等，已經讓張昭鼎喘不過氣；但為台灣學術的提昇發展，義不容辭，他咬牙接下。從此他頻繁往來新竹、台北，事事親力親為，兩邊擔雞雙頭啼，時間畢竟有限，所以研究生不得不養成互助與積極的學習態渡。

老師很忙，學生都知道，想約他，一星期只有兩次機會，星期二晚上MEETING或星期日，每次兩小時，張門人多，每人只分得半小時，在張家討論。老師家那隻叫「毛毛」的大狗總是蹲伏在旁奉陪到底。學生每週都必須提出這星期的研究報告，討論新的章節。張老師的碩博士生做學問都很努力，以求書報討論時能有好表現。張昭鼎要求他們，要花三個月的時間準備一篇討論報告，因為你必須連附註提到的文章都看，這才是做學問。即便如此，到發言時難免會有點侷促緊張。為了改善學生不善發言的習弊，討論會開始前張老師總擺上幾瓶啤酒，幾包炸花生；學生藉酒壯膽，正式開始後漸漸砲聲隆隆，積極發言。等到成了習慣，啤酒才從桌上告退。因為不再畏縮，彼此分享討論，詰問激盪，往往敲打出創新的火花。一九七一級清大化學系學生而今任教中央大學的劉康克教授說：「我學生常訝異我怎麼什麼問題都能問，我說我在大學時代就訓練有素了。」可見張教授的教學方式還真有效，也讓師生的感情更緊密。

張門的研究課題五花八門，曾經同一年學生們的研究主題居然包括相去甚遠的各種領域——電化學、光化學、酸鹼檢定、太空隕石、高溫超導……都在同一間實驗室裡進行，實在令人驚嘆。當然張昭鼎不可能精通所有科學的領域，一個問題不懂，還要學生先解釋給他聽。在解釋的過程中，學生就知道自己理解程度如何，而教授觸類旁通也能給意見，指點方向。問學之間，態度開放，張老師一貫的心態就是只問真理不論其他；因而即使學生請教別的教授，張昭鼎也不會覺得有何不妥，甚至會鼓勵學生向其他專家求教，例如當吳茂昆教授受李遠哲鼓舞，放棄哥倫比亞大學教職回國擔任講座教授，張就帶整個研究室的學生去聽講，他認為多方請益，治學才能博通精進。

張昭鼎提倡不同單位間的合作；他認為工研院材料所有很多設備，加上清大材料所既有的，雙方一起合作，就可解決許多量測的麻煩，對學生幫助更大。此外，他也歡迎高中學生到化學系受訓，參觀研究室，並請研究生解說，解說的過程便是知識重新組合的過程，透過對中學生解說，研究生們可藉以重新檢驗自己的知識地圖。

林和教授稱許張昭鼎是個具備人文素養的科學家，是少有的完整的人，因此做學問也重視科際整合。他學化學，但能教偏向物理的群論，他能和各個科學領域的人對談、提出專業的質問，學問之淵博令人咋舌。他也敦促學生必須自我進修、自我提升。所以他的碩博士生討論會，研究課題包羅萬象，這種科學不分家、拆除門戶的作風，深深影響了學生。張昭鼎希望學生離開老師後得以自立門戶獨撐大局，因而訓練無範圍，養成學生自己找資料，研究新題材的能力。研究學問的重點不是寫論文，而是解決問題的能力與模式。你怎麼訓練自己？怎麼安排學術人生？學會發現問題，蒐集資料，解決問題，這才重要。

然而正所謂「師傅引進門，修行在個人」，他的學生，可以七年拿不到文憑，也可像劉如熹，兩年唸完博士。其間區別就在是否具有了上述的能力。

張昭鼎認為，任何細節都有其重要性。想法要落實，必須倚賴有效的作法。張昭鼎讓學生們管理研究室，使學生能獲得完整的訓練。例如研究計畫要向國科會以及台電、中油等國營事業申請經費，張昭鼎只說個截止日，說完了掌門大師兄就要開始忙了：去年的計畫要延續；新的案子要擘畫；編薪水、材料費、助理費、等等預算；已經執行一半的預算，到了年中要報帳等等……。他們會知道：事情如果要做得十全十美，一半靠人，一半要錢。如果藥品買得太貴，張昭鼎會說：「一萬！這麼貴，自己去殺價！」學生可能殺到四千，或只好另找來源。當他的研究生錢就這麼多，分配管理的做法不學怎麼行？工研院十五萬做個爐子，但一樣的預算，張昭鼎說要兩套，學生只好自己組裝或找廠商想辦法，等級也許低一點，但可以省錢，讓一套變兩套。管理的學問需要設計實踐，這種模式在學界、業界一樣管用。

有一次，研究生沈祥榮需要六十萬的器材，張昭鼎說：「今年沒錢。但你先跟廠商談，機器先搬來，明年再申請。」

先享受後付款？哪有這件事？何況連個訂金都沒有。但他還是硬著頭皮撥了電話，囁嚅的說：「張老師說……東西先來好不好？今年沒有經費……」

沒想到廠商氣都沒吭，東西就搬來。沈祥榮驚訝之餘不忘問原因。廠商說：「因為你們張老師很講信用啊！」

一九九一年沈祥榮拿到博士，要去美國貝爾實驗室進修，通過政府甄試後，還要備有教授推薦函。到了申請的最後一天，他不好意思也不敢問張老師寫好了沒，想說老師那麼忙，如果忘記那就算了。沒想到當天早上十點，張昭鼎特地開車下新竹，見了面把信交給他，說：「介紹信！我走啦！」一轉身又回臺北去了。

張老師有誠信，答應的事，一定會做到。對待所有人都是一樣的態度。同時，張昭鼎也很尊重學生。沈祥榮博士畢業口試才考完，張昭鼎便說：「恭喜你，沈博士，以後要更努力。」沈祥榮說：「老師你叫我名字就好了啦！」張昭鼎說：「不行，這是尊重！差多少歲作多大官都一樣，沈博士！」

張老師憑他無悔的投入，對學生的呵護與尊重，激發了很多學生以學術為終身志業的熱情。

張昭鼎除了指導學生做學問很認真，照顧學生的生活也很盡心。不要看他忙，他可是心細如髮，許多小事不重要的，「難得糊塗」嘛就算了，但是重要的大事一定放在心上。過去唸碩士有一筆獎學金，一個月兩三千；然而外地來的學生開銷大，常常要兼家教、打工，補貼生活所需。他知道這些狀況，也體驗過貧窮的日子，往往會主動多向教育部、國營企業找計畫讓學生去做；每人每個月多幾千元，生活沒顧慮，才能專心做研究。等學生念到博士，又鼓勵他們去兼課，趁著法令修改之前考上副教授職等，敦促他們如果有可能盡量出國唸書、做研究，多觀摩國外的科技成果……他先幫學生指點前面的路，學生如果夠聰明，就懂得如何選擇。

張昭鼎提攜後進是出名的，新聘的人給予重點補助，十分傑出的研究人員得到的補助甚至是他人的兩倍。當林清江當高師大校長，打電話問張昭鼎說需要一個化學系的教授，他就推薦學生張宗仁，沒想到一去就變系主任。為了提攜人才，有時也不惜和既有勢力對抗。當初，清華研究所第一、二名的畢業生是張瑞燦和陳浩然；恰逢中科院徵才，兩人經面試後竟被私下告知不獲錄用。在無奈與憤怒的情緒驅使下，求助學長張宗仁。他馬上打電話給當時任職中科院的張昭鼎，說：「捨棄清華研究所前兩名畢業的，撿選後面的，恐怕不合道理吧？」好險錄取公文還沒送出，張昭鼎趕緊去找中科院副所長；情急之下，言辭不假修飾，直言：「這兩位學生這麼好怎麼不錄取？」副所長和張的關係並不密切，對張所言有所保留，甚至質疑張昭鼎偏袒清華學生。這樣的質疑，以張昭鼎的個性，照說是無法忍受的，但是為了正義，他願意心平氣和，繼續據理力爭：「我只知道他們成績優秀，研究突出，錄取他們表示我們院裡愛才惜才，願意給真正優秀的年輕人機會，不是嗎？」張昭鼎不擅言詞，一席話說得簡單，但誠懇明確，毫不勾搭牽扯，實在沒有反駁的餘地。後來，副所長終於更改了原本的決議。

張昭鼎即便已經是清華的名師，但是他的舉止與二十年前初入校門時並無二致。有次張穿了汗衫白短褲，跑完十公里，洗過多次的鬆襪子一長一短，渾身汗淋淋地走進研究室。見了學生就說：「有沒有信？」學生們也沒起立迎接，順口回說沒有，他立刻踅出去。一個碩一的新進學妹說：「那工友是誰？」

學長們個個笑翻，說：「那工友是你老闆！」

這一切「沒大沒小」都該歸因張昭鼎實驗室的不成文法：「上了餐桌就沒大沒小」，吃飯不必轉餐桌，菜到誰面前就誰先吃。換句話說，能輕鬆的時候就不必管什麼倫理尊卑。從前學生在老師家裡吃水餃；八〇年代以後，喜歡美食討厭麻煩的張昭鼎就會帶學生去美乃斯旁邊的客婆樓用餐；到了台北，參加原分所聚餐，大家也不管張昭鼎還在所裡忙，就先吃了起來，等到他來，只留一些剩菜和帳單給他享用了，學生們還「虧」他，說「老師沒什麼菜咧——」他又急又氣又好笑，也只罵道：「你們這些土匪！」

師生間相處的趣事不少，學生也常常開他玩笑，張昭鼎卻難得生氣。有學生追隨他十年，沒見過他發脾氣。只有一件流傳在實驗室的軼事：

管理原分所化學藥品的學生對張昭鼎說：「老師，雷射壞了。」

「修了幾次？花了多少？」

學生結結巴巴的把這台越修越糟的雷射數落了一陣，張聽完，嚴肅的說上一句：「這種情況我不能接受。」

這學生就難過了好些天。

最恐怖的狀況也不過如此而已。

博士生畢業後，馬上面臨出社會就業或留在學校繼續研究的抉擇。張昭鼎勸告學生，年輕教授拿不到很多經費，不能只靠尖端設備做研究，而是要用最平易近人的方式，所以實驗越簡單越好，花費越少越好。當時最流行高溫超導體的研究，而高溫超導體可用兩種化學溶劑作用變成高溫超導的群聚物，再燒就能製成，這就是用簡單方式做好事情。

另外便是關注「微細粉末」（fine powder）的發展。早在一九八八年，張昭鼎就提醒學生說日本政府一年挹注五億美金做相關研究，而其實這種微細粉末在沉澱過程中就可得到；有心人只要能有政府支援而在這上面投入心力研究發展，應該是很有前途的。後來經過國際科學界的反覆研究，從微細粉末到超微細粉末（super fine powder），用途越來越廣，卻一直到西元兩千年之後才在台灣暴紅，統稱「奈米」，台灣瞬間滿是奈米專家。試想：如果臺灣在二十二年前政府就能大力支持做奈米研發，那會是什麼光景？

張昭鼎對科學發展的敏感性、前瞻性、以及大膽作夢、努力實踐的精神，不僅影響了眾多學生，也讓張昭鼎的姪兒張典顯十分敬佩嚮往。張典顯甚至在初中時就寫下這樣的句子：「我將來要成為一名科學家，就像我六叔一樣。」果然，張典顯日後在基因體上有所成就，成為執教美國俄亥俄大學的教授。

第二節　學術專業成就

張昭鼎雖然教學與行政工作都忙，在治學上也絕不鬆懈。在此我們可以更深入瞭解張昭鼎學術生命的成長與變化：他五十歲之前有四十多篇論文，五十歲之後又有五十多篇，「產量」已屬豐富；而內容橫跨放射化學和無機化學(註)，更令人欽佩。他在放射化學的研究可以分為三方面：放射性同位素的分析、製造，及化學性質的研究。無機化學的研究則分為兩大類：鈾汞齊的化學及應用、高溫超導材料的合成。前者進行的時間約在一九七〇年代，主要為在清大原子科學研究所的研究成果；後者則主要在一九八〇年代後，於清大化學系及中山科學院核能研究所完成的工作。

讓我們回到一九六六年，張昭鼎留學德國時完成的博士論文《鐵隕石中的Be-10和Al-26》，利用放射性計數器來測量鐵隕石中的放射性同位素鈹－10和鋁－26，以得知鐵隕石落在地球的時間（落地年齡 terrestrial age），以及在太空中受宇宙線照射多久（暴露年齡 exposure age）。以宇宙線暴露年齡此一研究，可用以瞭解宇宙線過去在銀河系中的通量是否恆定，以及小行星撞擊地球的動力學等問題。

註　放射化學與核能相關，而無機化學對製造材料極有幫助，皆有益於國家產業發展。

▶ 在實驗室的張昭鼎

張昭鼎回國後任教清大，同時與中山科學研究院第一研究所（即核能所）進行一連串合作，做有關放射化學及無機化學的研發工作。一九七〇年代，他在放射化學方面的研究，已有卓著成果，其中數量最多的，與放射性同位素製造相關。他改進鎝－99m同位素的製造方法，因為鎝－99m同位素是極具價值的核子醫學材料，約佔核醫藥物用量的百分之八十五，可以使用於核醫顯像術，對醫學發展有重要的意義。張昭鼎甚至利用原子爐製造了自然界沒有的同位素——鋉－239，以研究其化學特性，增加對核能的理解。另外，最重要的一項研究是有關放射性碘－131的製程，張昭鼎首先利用「白金吸附法」，獲得純度極高的放射性碘，是重要的核子醫學藥品，可用於甲狀腺之檢查，被國際公認是最好的製造方法，並被國際原子能總署收編在放射性同位素製造手冊中。曾經有一段長時間，清華大學原子爐製造放射性碘全是使用張昭鼎發明的方法。

在鈾汞齊的研究上，鑑於某些錯合物因為活性強，必須在無氧的情況下才能合成，他與中科院核能所的同事合作，開始研究鈾汞齊化學，製造鈾金屬，極具研發創意。他以離子交換膜電解製造鈾汞齊，在低真空中加熱移去汞得到鈾粉末。這種做法比傳統的化學、冶金還更省時便利；雖然結果僅得到小量粉末狀的金屬，而無法進行實用的推展，可是用此法所獲的初生態鈾粉末極具活性（當然也容易氧化），而成功地被用來聚合某些有機物質及合成有機鈾化合物。此法可媲美於 Kiaunde metal vapor technique，但方法更簡單，可節省很多能源。

一九七〇年代後半期，張昭鼎也將眼光投往兩大方向：第一、從矽烷中製造高純度之矽；第二、氮固定與電觸媒合成之研究。他研究矽，也與台灣蓬勃發展的電子產業有關，之所以如此，他在自己論文的序言中表明原因：

> 台灣迅速發展的電子工業，需要非常純的矽原料，因此，在矽的製造過程將碰到的技術問題，亟需解決。

我們可以說，張昭鼎所做的研究，兼具學術性與實用性，甚至與整個國家命運連結。一九六〇年代，他研究核能；一九七三年石油危機，他開始研究使用紫外光，將二氧化鈦分散於水中，並以汞燈照射，把水變成氫氣及氧氣；一九八〇年代以後，張昭鼎一方面繼續進行與鈾汞齊化學有關的研究，藉此應用於高分子的合成，並將這套方法運用在鈾以外的金屬，如鋁、鈷、鎳、釤、鑭等。隨著台灣工業技術再提升，自一九八八年起，他又投入了當時最受矚目的研究：高溫超導體。

高溫超導體（High-temperature superconductivity）在一九八六年由貝德諾茲（J. G. Bednorz）與穆勒（K. A. Müller）兩人發現，並獲得隔年諾貝爾物理獎。當許多物理學家以研磨、混合、加溫等物理方式來製作高溫超導材料時，張昭鼎則是發揮長年以來在無機化學實驗上所下的功夫，以共沉澱的化學方法，精確控制材料成分，並藉均勻沉澱法，來製造顆粒大小適中、均勻性良好的超導粉末材料。更重要的是，他完成了電腦模擬製成最佳化的工作，這種做法適合大量生產，工業上一天生產十噸都不成問題。張昭鼎永遠會問自己，學術研究之後要如何供實際運用？學問如何落實在生活？在這一系列的工作中，張昭鼎共申請了四項專利，已經有實際的產品，可運用在雷射鍍膜和線材製作上；這期間獲得國科會及工研院材料所經費上的大力支援，加上張昭鼎研究團隊的全力投入，而終有如此的豐碩成果。

即便有如此成就，還是有人以為張昭鼎對台灣社會的各項貢獻中，學術成就並不能排在第一位，至少不能和長期留美的研究家相提並論。其實，張昭鼎對科技的敏感度極高，所從事的研究永遠照看人生，趨向時代意義、學術性及實用性，況且內容橫跨放射性化學（同位素的分析與製造，如碘－131的製程）、無機化學（以新方法獲得高活性金屬粉末）、高溫超導材料的合成等等無不屢創佳績。他敢於嘗試創新，不甘侷限在原來的博士研究範圍，大膽轉入新領域，遂能開啟新境而得豐碩成果。其進取精神令人敬佩，實在值得一書。

張昭鼎過世後，學生們秉持張昭鼎研究創新的精神，在各行各業上持續影響社會。這種創造能量，表現為勇於突破的自信，或可歸因於張昭鼎早年在他們心中所點燃的熱情所致吧(註)！

註　作者按：關於張昭鼎後期與學生的互動與教學，以及學術成就的資料整理，多得力於沈祥榮博士的整理與說明。

第三節　爭取清華學術自由

張昭鼎本質上是個熱誠隨和的人，例如當化學系師生間有所衝突，他常常出來當調人，甚至自願接下當事人的教學工作，避免已鬧過不愉快的師生繼續接觸而擴大衝突。但另一方面，他也會堅持自己的理念與價值觀，不會因為校內的權力傾軋與省籍情結而有所改變。

他關懷學生，也注意校園學風。他認為唯有自由民主蔚成風氣，研究工作才能做好，師生之間坦誠相待，彼此激盪，這股積極向上的正向動力才能穿透小教室進入大社會。因此，每一件與學術自由相關的事，都是大事，都需要被關注。他不是甘心屈服於威權體制的人，這種作風當然會給學校行政帶來壓力。他一方面在體制內進行衝擊，同時兼採外圈包圍的野戰模式，以消滅權力機關的能量。總之，他希望把清大定位為台灣社會、新竹社區的自由學術基地，能自主研究、發展、實踐科學的正面精神，然後結合地方人文，進而成為華人文化圈的重鎮。

在發展校園民主的過程中，不能不提清大教師聯誼會的成立。時間回到一九八七年：鐵箝台灣數十年的戒嚴令一夕鬆解，社會天翻地覆，舊的要被翦除，新世界要降臨。張昭鼎和一些教授深為震動，直覺到知識力量有必要改變服務的對象，校園也該轉換為製造嶄新意義的空間，這就是組織教聯會的起因。而清大又另具發展校園民主的先天優勢，在其他大學受困於黨政軍的經濟箝制之際，清大因有庚子賠款為後援而得自立於金錢擺佈之外；因而有志的年輕教授們，無不以利國利民為前提而勇於批判社會現況；為求民主理念得以進一步具體實踐，他們決定在校園中推動成立代表教授意見的非官方組織，主張大學不是校長或幾個行政人員的，而是全體教師的，人人都要有發言權。

張昭鼎是上述理念的代表人物，在學校一言九鼎。投票當天，張昭鼎的資格、地位、人脈皆無人能出其右，遂無異議當選首任會長，秘書長黃提源教授，總幹事傅大為教授。

一九八八年四月十二日，他在教聯會《會訊》創刊號的發刊辭中寫下教聯會的共同立場：

> 大學之為「大」，在於它能包羅萬象，允許不同的思想在自己的「場」裡，互爭長短；在理性的爭辯中，使「理」愈明，從而獲致共識，進一步帶動社會的進步。

組織教師聯會時，張昭鼎除了積極推動「教授治校、大學自主」的大學校園民主文化，也鼓勵教授們積極參與社會運動。當時許多社會運動需要簽名連署，一個案子動輒吸引全國幾百個人簽名。往往一個案子剛開始沒人連署，傅大為就把腦筋動到張昭鼎身上。到他辦公室，先把亂糟糟的書挪開，才看得到書叢後的張昭鼎，傅大為對他說：「哎，這案子沒人簽，你負責拿去化學系簽吧！」由張負責，很有效率，不一會兒連署書就生出幾十位教授的簽名。接下去就比較容易了。

做為大學裡最早的教師聯誼會，在草創階段，張昭鼎一方面以踏實、穩健的態度，凝聚教師們的力量，雕塑教聯會的性格，使其茁壯；另一方面也銳意革新，熱心的去邀請盧修一、李鴻禧等異議人士來清華大學授課、演講；這些論壇都是打破學校禁忌的第一步。張昭鼎的好處是，給人的感覺有點「土」，很少穿西裝，都穿短褲加皮鞋，隨興，但對人客氣。這種性格的人，縱然口才不便給，但他懂「人」，了解人性的各個面貌，做人海派，卻粗中帶細，在不同立場的各方之間居中協調，竟也無往不利。

在變動的年代中，清華大學逐漸發展成開放、自由、具獨立思想的大學；學生、老師都可以自主發言、授課，形成一種活潑自由的校風。清大人社院陳光興教授有一堂課名為「A片的文化邏輯」，標題聳動，引起社會的軒然大波，輿論撻伐不斷；其實播放討論的不過是日本導演大島渚的得獎作品「感官世界」而已，並非商業的成人影片。校長劉兆玄還慎重其事的寫了信，拜託文學院院長王秋桂轉交陳光興，請他收斂。而教聯會會長張昭鼎只不過微笑以對。

兩岸開放之後，學界開始交流，台灣清華與大陸清華有著很深的血脈與歷史關係，一九四九年後又有各自的發展，兩校都企盼對彼此有更深的瞭解。一九九〇年，在學界地位頗高的張昭鼎，在李登輝總統的祝福下，率領清華教授訪問北京清華，舉辦了兩岸清華學術研討會，大家共襄盛舉，連黃提源教授都特地從日本飛到北京發表論文，足見會議之意義不凡。在北京期間，因為科學家領隊的身份，張昭鼎還拜會了江澤民。之後前往北京大學參訪，再轉往四川。也因為張昭鼎是核能專家，中國特別開放核能研究機構讓張昭鼎參觀，瞭解核能發電的情況。這趟參訪，為日後的學術交流與發展，開啟了新頁。

▸ 與妻子在北京大學清華園

▸ 參訪北京清華大學

▸ 兩岸教授於北京大學前合影

▸ 與江澤民合影

綜觀而言，張昭鼎在學術研究與社會參與過程中，表現了一個知識份子的襟懷與氣度。楊儒賓教授在張昭鼎去世後所寫的悼文中說：

在一個變動迅速的社會、立場搖擺不定的人際關係中，做為一個知識份子，張昭鼎一直是翩翩君子風度；做為一個科學家，他也一直是客觀容忍，從容進出於各種意識型態之中（註）。

真可謂中肯之論啊！

註　見楊儒賓、傅大為，〈在痛悼中對張昭鼎教授的一些追憶〉，《惜別大家的張昭鼎》，頁7。

第四節　肩挑《科學月刊》的重擔

談到《科學月刊》與張昭鼎的因緣之前，先來一段張昭鼎的真情告白，從這段話中我們可以知道，為何他願意為《科學月刊》付出心力，為台灣的科學教育與研究鞠躬盡瘁。這段話選自他當選十大傑出青年後寫的自傳：

> 我有一信念，做科學研究工作要紮紮實實的做，絕不能耍花樣。要使現代科技在國內生根開花結果，我們這一代人要覺悟自己要當肥料，因為我們跟別人還差一截。

正因張昭鼎本有把自己當肥料，去造就臺灣的科學環境，以提昇整體科技水準的自覺，日後因緣際會承接《科學月刊》的擔子，自然無怨無悔全心投入，與同志者攜手努力灌溉這個科學的苗圃。

《科學月刊》出版源起

其實，有志一同的人還不少。早在一九六〇年代，在美國留學的林孝信，就以中學生和大一學生為對象，在海外籌辦《科學月刊》，預備在台灣發行；只為實踐以科學啟蒙民智、提升國內科學水準的強烈使命感。林孝信走遍美國各個大學，蒐集各方意見，發動募捐，期望理想早日實現。另一方面，楊國樞教授在一九六九年暑假與林孝信見面，回台後與李怡嚴教授成立了「台北市科學出版事業基金會」，做為出版《科學月刊》的後盾，然後積極籌備出版事宜。這幾位先生篳路藍縷費盡心血，《科學月刊》之得以成功出版，他們實在居功厥偉。

接著，不能不提詩人辛鬱。

辛鬱，本名宓世森，曾在心戰總隊服役。喜愛文藝創作，是現代詩壇的一枝健筆，與楚戈、張拓蕪等同為著名的軍中作家。退伍後他住到了光復南路。當《科學月刊》在海外籌備，在台灣同時需要一個據點，楊國樞、李怡嚴找到當時的編輯快手趙玉明。趙玉明是誰？他就是趙一夫，前《聯合報》主編，更是辛鬱在心戰總隊的長官，辛鬱管他叫老大哥。趙玉明找上辛鬱做《科學月刊》聯絡人。談了一回，「老大哥」一直接說：「那就用你那間房子做辦公室啦。」

就這樣，辛鬱的房子「晉升」為《科學月刊》辦公室。一九六九年，大家在辛鬱家裡開最後一次的籌備會議，推選李怡嚴、楊國樞為召集人，負責籌備出版「第〇期」試印本。「第〇期」試印版的概念來自林孝信，不稱第一期而稱第〇期，正是象徵一切從零開始。《科學月刊》的理念是：

不僅要作為學生們的良好課外讀物，也要成為一項有效的社會公器；不但要普及科學，介紹新知，並且要啟發民智，培養科學態度，為健全的理想社會奠定基礎（註）。

《科學月刊》眾人的初衷，乃是藉由這個平台，讓台灣的青年學子知道世界的遼闊，藉著低於一般雜誌的價格，吸引國內的高中生與大學生來訂閱，期能提升科學教育的功效。經過美、台兩地學人的努力，一九七〇年一月一日，《科學月刊》終於登台亮相，並且令人驚豔。現任教長庚大學的周成功教授說，當時讀大三的他看見這本雜誌所介紹的雙螺旋、人體的故事等等前所未聞的內容，「眼界大開，非

註　參見第〇期發刊詞。

常興奮，對我而言帶有一種啟蒙的色彩。」在課外知識貧乏的年代，《科學月刊》不啻是天上來的一泓清泉，灌溉飢渴的心靈。從銷售量來看，創刊號狂賣一萬八千本，訂戶是一萬一千人；以七〇年代雜誌銷售量而言，僅次於暢銷雜誌《皇冠》、《讀者文摘》，可說一鳴驚人，極為成功。

一九七一年，張昭鼎透過李怡嚴牽線，擔任月刊董事與編輯委員。他很自豪能參與心目中「自誇是台灣水準最高」的科學雜誌。張昭鼎第一次到社內開會。擔任社長的辛鬱初見張昭鼎，覺得他憨厚，雖不善表達，但有種親和力；辛鬱後來說，這第一印象隨著時間越來越清晰。

劉廣定教授則回憶說，當年他剛回國不久，張昭鼎主動跑到台大化學系找他；他門一開，張昭鼎直接就說：「林孝信叫我通知你以後來參加《科學月刊》的編輯委員會。」鞋子沒脫，門也沒進，話說完就走。劉廣定覺得很新奇，這個人沒有一般人對歸國學人的恭維話，只是一派真誠無偽。日後劉廣定曾在《科學月刊》發表文章，其中提到張昭鼎對二環戊二烯亞鐵（ferrocene）的解說不夠精準；本來在求真的學術界互相辯論詰難也是常事，沒想到此舉被有心人士大做文章，一下子說張、劉二人不合，一下子說張昭鼎根本不懂化學，想趁機攪亂學界一池春水。之後劉廣定藉著《科學月刊》開會的機會，想找張昭鼎解釋；張昭鼎大手一揮，笑著說：「這種小事，不用提了。」

瞭解的人都說張昭鼎為人厚道、不計較、不念舊惡；加上心胸開放不怕批評，只要你有理，他就能接受；這樣的人當然會被視為值得信賴交往的朋友。

在動盪中成長

進入一九七〇年代，台灣騷動，起自腳板，蔓延全身。一九六九年底，中日台三方出現釣魚台主權的爭議，而中華民國政府居然選擇沉默，引爆海內外知識份子的憤怒。原本常為《科學月刊》撰稿的海外科學家很快捲入這場保釣運動中，無心提供科學文章，以致一度稿源不繼，幾陷停頓；幸賴李怡嚴負責拉稿寫稿，才化險為夷，也使《科學月刊》的重心轉到台灣。從此《科學月刊》的成員分成了兩條路線：一條以國內學者為主，維持初衷，繼續擔負「科學啟蒙與普及」的角色；另一條路線則以海外黑名單人士為主，為文竭力批判不合理的政治體制與社會現實。

追溯起來，當年《科學月刊》的重心轉到台灣，使這一群學習理工的知識份子，在高壓的年代，有了一個可以深耕，蓄積能量的園地，對一代又一代的青年學子產生正面的影響，教導他們重視數據、對生活誠實——這正是張昭鼎想要的：選擇科學教育的路，留在台灣，為改進台灣社會而盡心盡力。其間的批判與追求，是迂迴的，甚至遠遠承繼了五四運動靠科學救中國的精神；九〇年代張昭鼎急著將《科學月刊》推進中國，也出於相同的熱情。

然而，創建維艱，守成不易，兩者皆需能人。《科學月刊》成立，根植於海外學人的熱情，美台兩地約稿，台灣出版。但諸多問題接踵而來：一方面，行政工作綿密瑣碎，超乎想像，非按部就班則必出紕漏；另一方面，稿源與經費之是否不虞缺乏，直接影響這份刊物的生存。

要把刊物辦好，必須有人有錢。稿費、審稿都要錢，錢的來源多半靠廣告收入，而廣告只有公營企業才會給（如農糧署、輔導會、衛生署，因為這些單位才有科技相關的部門），況且一年才給一次；《科學月刊》又不要其他純粹商業的廣告介入，收入就很受限。接著為了推展學生市場，居然做了一項行銷策略，叫做「學生半價」；其實，原價七折都才只能打平成本，五折賣書叫做賠本生意。為了《科學月刊》的存續，辛鬱長時間只拿半薪，其他雇員們也早有體悟，必須共體時艱束緊腰帶；大家都以奉獻的心情做事。

另外就是政治因素。保釣運動之後，失去美國留學生支援的《科學月刊》，等於失去來自美國的捐款。而政府也懷疑，怎麼留學生能夠一下子動員起來保釣？這個聯絡網如何組構？推測其中必定有親共份子煽風點火。這一追查，曾在《科學月刊》為文的左傾留學生受到監視不說；在台灣，安全單位甚至行文至全國學校，點名《科學月刊》有「為匪宣傳」之嫌，《科學月刊》的經營更是雪上加霜。

最後就是內容的問題。《科學月刊》的文章在美國有大學生試讀，但對七〇年代的台灣人來說還是太深奧，讀不懂；加上家長、高中學生的心態仍是以升學考試為主，一旦遇上與聯考無關的東西，家長多半不願花錢訂購。甫出刊時的盛況就因上述種種原因而逐漸退燒；銷售率下降，經營更加慘澹。後來不得不賠錢賣，撐了幾個月，府庫空空如也，幾乎要倒閉。財政這麼困難，李怡嚴教授甚至把存摺、印章、身份證都貢獻出來，說只要社內資金有問題就去他戶頭領。社裡常常籌不足印刷費，少數員工的薪水也發不出來；大家靠著信念，撐一天是一天。

說到這，再詳談張昭鼎對《科學月刊》的重要性，就清楚易懂了。一如前述，《科學月刊》沒錢，有熱情卻沒有柴薪可燒，眼看著不行了；一九七三年，大家推舉張昭鼎做科學出版事業基金會董事長，期望他能帶來一番新氣象，讓《科學月刊》起死回生。

大家會找張昭鼎，或許可以從另一個角度思考：張昭鼎受日本文化、德國文化影響深。這兩個國家都尊敬知識，重視教育，出版業都非常發達，尤其日本的出版業在書籍翻譯的速度與數目上都是亞洲第一。張昭鼎原本就有自我惕勵，追求進步的驅策力，又深得日、德兩個國家做事認真、負責、仔細、守規矩的精神，再加上德國強調的「效率」，讓大家都放心的把事情託付給他。

怎麼做，張昭鼎想破腦袋，流乾腦汁。首先，他取得麗嫣同意把她在雲和街的房子，免費提供給《科學月刊》使用，替雜誌社省下租金。又遊說清大理學院院長沈君山先生，在華視製作「科學天地」教學電視節目，由《科學月刊》提供素材，共二十八集，之後把節目的版權、錄影帶賣給教育部；出版《科學天地》彩印書兩冊，賣給中小學做教材。開源節流，先為《科學月刊》解決燃眉之急。

此外，他名為「科學出版事業基金會董事長」，其實什麼都做，兼社務，兼籌畫，兼推行，兼編委；上司兼員工，校長兼撞鐘，親力親為，便能迅速解決問題，提供協助。他行政經驗豐富，腦筋清楚，絕頂聰明，以稅務工作為例：面對滿眼自相矛盾又可堪玩味的法律規章、條條框框、財務稅務、數字報表，他很快估量情形之後，總能立刻在千迴百轉的迷宮中，找出一條正確的路；這些有關稅捐的事他過去從未觸及，居然也能很快就做到準確、完善，讓其他社員十分歎服。

一九七八年，離開《科學月刊》五年的辛鬱禁不住劉源俊教授的大力勸說；又回想起某次自己在清華巧遇張昭鼎，張昭鼎邀他到家裡吃炒米粉的神態，既熱情又誠懇，令辛鬱感動至極。於是辛鬱放棄在華視電視劇編劇的誘人薪水，回鍋上班，一開始做理事，隔年做社務委員兼業務經理。他一回去，就發現張昭鼎雖位居董事長，但和以前那些長官不一樣。在社裡，張昭鼎平時很嚴肅，很少開玩笑或刻意想炒熱氣氛。但是他盡量為員工謀福利，常掏腰包請員工喝下午茶；也不把這些領薪水的雇員看成低他一等的工人，永遠寬厚以待。

張昭鼎和辛鬱談話，發現他不止會編會寫，還會幫忙出點子，找錢。辛鬱建議，出十年合訂本，共十本，用照相印刷避免錯誤，印刷廠大家都是朋友，幫幫忙，錢先欠著。結果，推出之後居然大賣，先還了一部份債務。又在文化復興委員會辦通俗科學演講，因為會場在建中和北一女中間，兩校的學生都方便過來，因而參加者眾。學生甚至熱心參與，幫忙宣傳，幫忙銷售與演講主題相關的期刊，成效驚人。

辛鬱又讓張昭鼎去請中研院院士辦演講，和《中國時報》合辦，一方出錢一方出力。有次請李遠哲向高中生談科學，搭配販賣月刊中諾貝爾獎得主楊振寧、李政道的相關期刊，果然一掃而空。就這樣想方設法賣啊賣啊消化庫存，為《科學月刊》謀生，在這點上，辛鬱真是功不可沒；而張昭鼎對辛鬱是又敬又怕，偶爾也會打趣的說：「老大哥你少來幾趟吧！一來就是要談錢啊！」唉，你願腳踏實地做事，偏偏開門七件事，在在令人苦惱！

幸而，張昭鼎人緣好、人脈廣，許多熱心的企業界人士，都不吝伸出援手。此外，他喜歡找人來樂捐，前文我們讀到他向李遠哲尋求補助就是一個例子。還有一件，當年台大校友會館正在籌建，他直接跑去找同事兼好友廖俊臣教授，開口就說：「你就捐兩萬吧！我已經和人事室說好每個月從你薪水扣一千塊起來，你只要在同意書上簽名就行啦。」於是廖的薪水就被「綁架」了。總而言之，張昭鼎找錢救火的本領是一流的，不問你要不要捐，直接就問捐多少。大家知道他是為公不為私，也都樂於解囊；因此張昭鼎總能向友朋或企業界募來一定的款項。

大家都好奇張昭鼎和企業界的淵源，這故事要從宜蘭縣羅東國小校長楊德旺講起。楊校長熱心科學教育，在自己任教的國小成立全省小學中的第一個天象館。為了發掘科學人才，計畫舉辦競賽，甄選「科學少年」；一番折騰後找到了國科會科教組副組長黃繼仁，透過黃繼仁，找到了《科學月刊》的社務委員劉源俊，就此為羅東國小引入《科學月刊》的資源；並順利請來吳大猷先生加入評審，成功提振選拔科學少年的聲勢。從此《科學月刊》成員和宜蘭地方建立起友好情誼，這是第一層關係。

第二，楊德旺校長認識很多宜蘭的建商、木材商人，他們都在台北工作。出門在外靠朋友，人不親土親，加上生意上彼此合作，在商界被稱為「宜蘭幫」，例如奧斯卡建設董事長吳劍森、阿瘦皮鞋董事長羅水木等老闆都是宜蘭人。張昭鼎從來不擺教授的架子，天性海派，不拘小節；自己的弟弟末雄又在宜蘭長大，因而和他們不愁無話可聊。然而張昭鼎也不是三教九流都往來，是台灣本土的、老實的企業家才交往。他誠以待人，因此這些企業家也對他很有感情。要不然張昭鼎的研究工作和他們的事業相差十萬八千里，哪裡會心甘情願替張昭鼎解決難題？這些企業家樂捐很多《科學月刊》到偏遠的學校；辛鬱負責陪這些老闆們應酬，請他們吃飯，彼此交流。

有這些朋友的支持，《科學月刊》稍稍緩解了吃緊的財務狀況。另外，為節省成本，張昭鼎找了同為台南出身的永豐餘紙業董事長何壽川借印刷廠。因為他們造紙，紙可算便宜，兩人有交情，價格有彈性。另外張昭鼎的舅家表兄弟們開了一家「大亞」電線電纜公司，經營得不錯，也資助不少。再來，遊說高中訂閱，同時出版教育性質高的周邊出版品，以增加財源；又印售化學元素週期表，因高中國中都需要，銷路有保障。就這樣一點一點，終於為《科學月刊》穩住腳步，奠定經濟基礎。

一九七九年，長期忽視化學藥品設備管理以及儲存安全的台灣社會，連續發生了兩次嚴重的化學災害。最嚴重的是七月十三日發生在台北市撫遠街，曄星實業公司地下室與樓梯間的化學品大爆炸，不僅炸毀了撫遠街四百零三巷的兩幢房子和對面的防波堤，還造成三十二死四十五傷的慘劇；一次是台北市頂好印刷商行囤積在地下室的印刷化學藥品爆炸，造成一死兩重傷。大爆炸後，張昭鼎主動爭取印製《化學災害處理手冊》，介紹一千三百種以上的災害性化學品的物理、化學性質，以及操作時該注意的事項與災後的善後處理等等；並針對安全教育、安全設備、安全人員三方面提出具體改善的作法，希望能使辛辛苦苦培育出來的科技人才和經濟成果免於受害。出版之後，本書常常被引用，成為化學安全的寶典，政府也規定每間實驗室都要有一本手冊；這份收入也算幫了《科學月刊》一把。

另外，又辦《科技報導》，因為這種具新聞性質的出版品訂閱率比較高，也有助民眾瞭解科技趨勢；乘印刷之便，為孩子們發行可愛動物圖片，吸引父母親為孩子購買……總之，從各方面設法為月刊賺一點經費。

只是《科學月刊》社從來不是營利的單位，也從無盈餘，總是賠本，所有的社員也是不計報酬，全力以赴。身為社長的張昭鼎並不放棄，還打趣的說：「虧錢就是在做好事，虧錢才是知識份子應該有的犧牲奉獻。」但請不要誤會，張昭鼎絕對體恤員工，縱然薪水無法給高，但是每逢發年終獎金，都會聽見他問董事們：「多發一點，好不好？多發一點，好不好？」對於資深同仁，總希望能夠將待遇提升到大學副教授的標準。員工的待遇不高，他始終耿耿於懷。

一九八一年，《科學月刊》社接到一個大案子。顏元叔教授接任正中書局總編，和台大物理系教授王亢沛商議出版通俗科學的書，名為「學生科學叢書」，理所當然找上《科學月刊》社來執行。他們從過去二十年的月刊找材料，選定篇章後，寫封信給每位作者，軟硬兼施的請他們放棄版權；找不到作者的，就在月刊上發聲明，言財務困難，希望得到對方支持。如此一來作者們都把稿酬捐了，版權問題順利解決。一九八二年，編選結束之後，《科學月刊》因這筆稿費，而有了餘錢，正巧羅斯福路上有一棟法拍屋，被社內工作人員發現，趕緊要張昭鼎去標下來。就這麼買了自己的辦公室，不必再借用麗媽雲和街的房子了(註)。一九八六年，「學生科學叢書」一套六十餘本，共四十套，全數出齊。一套賣多少？四萬塊。正中書局背後的老闆是誰？是國民黨。誰不買呢？高中大學都買，甚至連國小都來訂閱，是台灣科學教育史上的重要事件。

註　《科學月刊》雜誌社社址原本於光復南路辛鬱家中，後遷雲和街，再遷羅斯福路，一九八六年，何壽川夫人張杏如主持信誼基金會，十分關注教育問題，被張昭鼎的熱誠感動，夫婦倆便很慷慨的把與基金會同一層樓的辦公室，無償提供《科學月刊》使用，因此有一段時間設址在重慶南路。一九九〇年遷回羅斯福路三段一二五號11樓，即今日所在處。

從青少年讀物擴充到科技社群的溝通平台

《科學月刊》除了推廣科普教育有功之外，其重要性更在維持台灣科學薪火相傳的火種，接續了五四以來提倡「德先生」、「賽先生」，以科學的啟蒙力量來教育民心、以民主來改造社會的精神。處事嚴謹的劉源俊教授，長期擔任社長，從不意氣行事；重視科學證據，及科學知識的上下層結構（hierarchy）及其運作。這樣的行事風格，帶給了《科學月刊》一種批判性，且因他本人的堅持，使這樣的性格逐漸在《科學月刊》中成形，也使《科學月刊》持續存活、發揮影響力。

談到制度以及科技平台的建立，周成功、劉康克與林和等教授的努力與貢獻實在功不可沒。在周成功擔任社長任內，劉康克擔任總編，林和擔任編委，他們努力確立每期月刊的主題、訂定編輯流程；在社務上，並建立了職員薪資、退休制度。於是，《科學月刊》對內對外，逐漸成為一個有規模，有制度的科學社團了。

一九八二年，用現在的話語來說，是「前網路時期」，許多合作廠商抱怨科技消息不流通。周成功教授便構思：《科學月刊》以傳播科學知識、進行科普教育為重，如果能再創新園地，以報導科學活動、交流科學界的訊息，在資訊閉鎖的年代，不也是美事一樁？在張昭鼎的支持下，周成功創立《科技報導》，這份刊物有如報紙，刊載科技相關訊息，具備即時性，贈送給所有國科會作研究的人員。當儀器廠商發現所有可能會購買儀器的研究人員手上都有一份《科技報導》，自然願意贊助，在上頭刊登廣告。於是《科技報導》從一頁，增加至七十餘頁，發行量一萬多份，提供科學界的相關新聞，還成為科技社群交流的平台，肩負起協調科學界各種意見的功能。比方說，國科會要求一年換一個研究主題、經費核銷程序不合理限制等等情形，都可以在《科技報導》上公開討論、凝聚共識，最後促使國科會改革。周成功可說是第一個為台灣科技社群建立平台的人。

而且，可以這麼講：有了《科學月刊》和《科技報導》，才能成功阻止發射衛星的計畫。

一九八九年，國科會有發展航空科技的打算，預備在五年內投入一百億發展人造衛星。由於一百億對於科學界而言是筆大數目，引起《科技報導》極度重視，邀請各界提出正反意見的文稿。一時間《科技報導》百花齊放，科學家們從經濟效益、國家形象、程序正義、財政分配……等等層面進行理性的討論。此外，在張昭鼎的支持下，舉行記者招待會、在電視上公開辯論。最終大部分的意見傾向於反對衛星計畫，原因在於少數人不以科學方法做事，這項提議的決策過程不符合程序，草率做出政治化的決定，並不符當前台灣先照顧社會民生、再發展高風險科技的多數願

▶ 與科學月刊同仁聚會：前排右二為劉廣定，右五為張昭鼎，右六為辛鬱。後排右二為李遠哲，右三為林孝信

望。最終有四百多人連署反對，促使政府檢討，遂停止此項計畫。在過程中持正反意見的雙方科技社群，其辯論都是理性的，並沒有因此分化、彼此仇恨。所以，就阻止發射衛星一事看來，《科技報導》使科技社群團結起來，並提出了具體的意見與想法，這是過去絕無僅有的一個事件，也是台灣科技社群最有意義的一項運動。在匯聚力量的同時，也開始加入本土性，開始思考許多在地議題。張昭鼎帶領這些科學家們向前進，看見發射衛星的荒謬性，挽回了可能浪費的人力物力，勇敢表達經由理性檢驗後的意見。

從發言權的位置來看，《科學月刊》以其所具有的影響力以及自主性，凝聚了科學家力量，形成一批與官方學者觀點不同的科技社群——在一方面，提供諍言，嘗試扭轉政府不合理的科技政策；另一方面，努力將理性、邏輯思維傳遞給民眾，試圖改變和稀泥的民族性，把差不多先生變為能進行理性思考、具備批判精神的現代人。

若說發射人造衛星是《科學月刊》認為所不應為的，那麼「民間科技會議」便是《科學月刊》所認定應為當為的。這個會議以李遠哲、劉兆玄為號召，張昭鼎主其事。會議的特色在於完全由民間主動發起，邀請科學界各領域專家，針對特定議題展開討論，與官方主辦的科技會議相抗衡。第一屆民間科技會議包含四個議題：

科技政策、產業科技、科學教育及科學社群，期盼能以「民間」、「本土」和「自主」三個面向去批判官方科技政策，督促自我反省。

然而，上述所謂「凝聚力量」、「取得共識」云爾，如果沒有張昭鼎，絕對會失敗——林和教授如此強調。因為張昭鼎聰明、真誠、熱情、體貼，又從未離開科學研究，所以懂得科學研究者的心路歷程，將心比心，總能聽出朋友同事的心聲，而予以適切的回應，提供各方最需要的幫助和協調。在推動社會運動方面，他瞭解台灣社會目前的脈動，也能看出未來發展的方向。是故，只有他，能在學有專精的研究員、學者、社會改革者之間搭起溝通的橋樑，讓各領域的專家得以整合共識，創造共同討論的平台。張昭鼎是個固著點，如船之錨，安人之心；大家信任他，願意找他商量；他也像一張大傘，大家在其翼護之下安心的研究、發表意見，而不受政治力的干擾。

民間科技會議是張昭鼎在台灣工作的頂峰，讓他在台灣科技社群中受到更多的矚目，而成為帶動科技社群向前瞻望的力量。有了民間科技會議，才有李遠哲將科技政策理性化、帶來科技自主性；有了自主性，科技教育才能站穩腳跟；科技教育穩定了，才能讓理性思維在社會上燒得更旺。

張昭鼎連結過去，放眼未來，他扮演腳踏實地的啟蒙者角色，絕不矜誇自己和李登輝、李遠哲的私人關係以自重，總是以理性解決問題，以科學精神行事，因而服人；結果是諸般大事皆能有所成，其間因素自然有其特殊的人格特質在。林和說得有趣：「張昭鼎能通天，能下地；又在裡，又在外，這種本領，除了張昭鼎之外別無他人。」

一九八九年，人造衛星案的同一年，「科學月刊雜誌社」改組為「科學月刊社」，成為一學術性社團，下有編輯、出版、教育、學術、科技發展等五個委員會；並由張昭鼎擔任改組後的第一任社長。兩岸開放之後，企業家們也捐《科學月刊》到大陸幾個重點中學，總價約一百萬。這些付出也得到收穫，常常有大陸的學生寫信來感謝《科學月刊》。企業家收到這些信件都高興得不得了，真是為善最樂。一九九〇年代張昭鼎極想在中國出版大陸版的《科學月刊》，使大陸地區的人民也能得到科學啟蒙。張昭鼎說：「在大陸出版《科學月刊》這件事很有意義，讓大陸方面知道我們在科學的傳播、推廣上，已經做了很多年，而且已有成績；也讓大陸的大學生，知道台灣有這麼一份夠水準的通俗性科學刊物。假如能夠在大陸生根，《科學月刊》才可說進一步實踐了創刊宗旨。」雖然透過張之傑、劉源俊、姜善鑫等教授的奔走與努力，一度有極佳的進展；可惜，大陸還是有言論箝制，對於外來刊物管得特別嚴，最終無法在大陸發行，此乃張昭鼎一項未了的心願。

張昭鼎常說：「站上起跑線，就不要再回頭看！」在風雨飄搖中，《科學月刊》的成員們堅持為台灣的科學教育掛起一盞燈，傳下這志業；雖然編委會時有爭論，對月刊的內容、走向、意見總是不一，所幸張昭鼎平等待人，個性溫和友好，說話大家會聽，因此吵完後都靠他去善後。張昭鼎過世後一年教改會成立，《科學月刊》內部對教育政策意見分歧，西風東風，誰也壓不倒誰。這時有人不禁又懷想起張昭鼎，覺得如果他還在，也許可以討論出一個機制，不僅《科學月刊》可以發揮更大的功能，也能藉以完成他對科學教育的最終關懷；然而天命難料，殊為可惜。

或許可以這樣說，《科學月刊》是張昭鼎個性與能力的完全表現。從草創之初，原意在向青年學子們進行科學教育，一路發展到凝聚科技社群，最終以提昇台灣社會理性思辨能力為目標，《科學月刊》一直努力凝聚向心力，持續發聲，影響台灣社會。其間固然也因為諸賢君子不計利害奉獻心力，而各方一點一滴的力量，端賴張昭鼎予以結合，理出頭緒；譬若治水，濬導河洪，引向科學「生根」與「深耕」之宗旨，虧得他，《科學月刊》變成一股民間的、知識的、理性的力量，屹立至今，凡四十多年[註]。

註　作者按：《科學月刊》是台灣科技、教育史上重大的一頁，林和、劉康克、辛鬱、劉廣定、劉源俊、周成功……等前輩、教授皆熱心接受訪問，並提供切身的經驗與感懷，令人感動。劉康克先生說：「《科月》在張老師的帶領下可以發揮很大的潛力，但有些潛力往往會進入休眠期，可能需要有適當的領導和時機，才會再度發揮出來。若這些潛力發揮（如強化理性處事的方式）成為常態，就表示我們的科技社群進入了成熟階段，社會發展也就更上層樓。」這是劉教授對「後張昭鼎時代」的《科月》之期許，也證明了「張昭鼎精神」的永恆意義。

第五節　擔任原子分子研究所籌備處主任

籌備原子分子研究所的想法，主要來自留美的學者。他們在美國擁有豐沛的學術資源，在各別領域的科學研究上已有重大成就；當兩岸進入冷戰狀態，槍砲對轟的軍事行動逐漸冷卻下來，這一批學者們遂開始有返鄉貢獻所學的打算。

其中最關鍵的人物，就是李遠哲。

一九七八年，任教於加州柏克萊大學化學系的李遠哲曾隨美國科學院組成的化學代表團到中國參觀。返美後遇見了浦大邦教授，彼此交換心得，分析兩岸科技研究環境現況，言談之間，兩人都確立了為台灣的科學發展奉獻心血的決心。浦教授在台灣開始聯絡策劃。有鑑於原子分子科學的多元性，可以在物理、化學、生化、資訊科學等研究領域之間，提供一聯絡橋樑；遂在隔年舉辦「原子與分子科學研討會」，吸引了許多科學家回台灣，到處走走看看交換意見，為日後原子分子研究所的成立起了相當重要的催化作用。研討會後，甫當選美國國家科學院（NAS）院士的李遠哲，獲選為台灣中央研究院院士。

在一九八二年的院士會議中，李遠哲和數理組的院士共十五人聯名提案成立原

▶ 李遠哲與張昭鼎

子分子科學研究所，獲得全票通過。核准後由李遠哲擔任設所諮詢委員會的主任委員，共聘張昭鼎、吳大猷、李遠哲、浦大邦、張圖南、湯光天、閻愛德等七位先生組成設所諮詢委員會。委員會成立之後，大部分的委員仍繼續在美國做研究，所以一切的重要事務，都由台灣的籌備處主任負責，他就是張昭鼎。

張昭鼎被選為主任的理由，其化學背景還在其次，主要是他的做事態度，以及行政和協調方面的長才。李遠哲談到物色籌備處主任的條件時說：

推動原子分子科學研究所的時候，我們需要一個比較能幹，比較能夠信賴，而且人面比較好的人選。後來就找到張昭鼎教授，請他暫時離開清大到原分所幫忙。……在國內找一位曾經在國外留學、有學問而受尊敬的人不多，所以請張昭鼎回來的原因在此。

原分所籌創之初，當時的中研院院長錢思亮曾告訴他們：「中國人講，廟蓋好，要拆要改不如蓋新的。」意思是與其日後不夠用再更張組織，不如一開始便讓它規模完備；對此大家當然都有共識。於是張昭鼎被選為籌備處主任後，從擬定成立宗旨與研究範疇、設所地點、籌建實驗大樓、大樓規劃、空間設計……種種軟體硬體工作，無不積極投入；而且每年都得奔波於美國、日本、歐洲，邀請年輕學者回台任教。面對多如牛毛的工作，他用心擘畫，落實推動；終於，「原子分子研究所」矗立在台大校園裡了。原分所能有現在這麼美觀大方、設備完善的大樓建築，以及陣容堅強的師資，多半要歸功於張昭鼎的努力奮鬥。

接下籌備處主任工作後，一早七點，他就在辦公室忙進忙出，電話鈴聲整天響個不停。人在台北，清華大學找他；人到新竹，籌備處找他，一刻不得閒。當時的中研院原分所配給所長一台小紅車，學生戲稱消防車，結果變成所裡的公務車，他還是開自己那台棕色小車往返。

原分所裡有一件妙事，「苦主」是李遠哲。有一天，張昭鼎滿面笑容向他走近；看張的表情李就知道他一定有對原分所有利的好消息。張昭鼎兩頰漾著笑意說：「遠哲，諮詢委員們是沒報酬的，但中研院的規定，你這個諮詢委員會的主席每個月有……」李遠哲沒等他說完，便接著說：「你刻個我的圖章，留在辦公室，每個月領了錢後，就給原分所留做員工的年終獎金用吧！」這正說中了張昭鼎的來意，兩個人會心地哈哈大笑。這個插曲給原分所員工帶來小小的額外收入。諮詢委員之一的南加州大學張圖南教授，有時對張昭鼎特殊的性格，覺得訝異，像張昭鼎那麼慷慨的人，常掏自己的腰包宴請朋友，但對原分所的開支，卻錙銖必較，能省則省。李遠哲聽了，嘆口氣說：「我瞭解他，這只是他高尚人格的另一個表現，他自己能夠，也希望別人能夠像他一樣堅持『犧牲小我，完成大我』的崇高理想。」

張昭鼎和所裡人員感情好，研究員董協貧說張和他談話，總會順手幫他整理一下領子，拍拍肩膀，像老朋友，又像親切的長者。有一年尾牙，同仁邀張昭鼎去聚餐，順便聽歌劇；他不但答應，還買了幾張一千兩百元的票送給大家。那天演的是熱情的《卡門》，大家都看得很開心。張昭鼎也會主動關心研究員的研究資源足不足夠，關心每個人的生活和家庭狀況。多年後提起他的熱誠溫暖，大家還是會豎起大拇指讚嘆。

張昭鼎對別人大方卻自奉簡約；你一定不知道他節儉到什麼程度吧？他從不用公事包，偶然收到一個人家送的也捐出去作年終抽獎；自己提的倒像洗衣袋或便當袋，很難看的那種。有天一早，他到了研究室門口，發現沒帶鑰匙，就隨手把袋子放在門口，去找總務處借一把回來；前後才兩分鐘，回來發現袋子居然不見了！錢丟了不要緊，那些書本文件遺失，「代誌就大條」了。於是全所出動，人仰馬翻到處找，差點沒砸牆壁挖地板。等到一個職員擤完鼻涕要去扔衛生紙，才赫然看見它好端端的躺在垃圾筒裡。

原來是袋子又破又舊，被清潔工當垃圾扔掉。

因為工作忙碌，小感冒不放心上，照樣天天跑步，辦公，又睡得少，想不到演而變之，感冒成氣喘。一九九二年，有天一早，張昭鼎的氣喘嚴重發作，蔡司機和董協貧連忙送他去台大醫院急診。痛苦的他，一邊罩氧氣，一邊吸擴張劑，卻不見好；劇烈咳嗽，呼吸吃力，額浮青筋，冷汗直流。進了急診室，醫生個個束手無策。好不容易找到副院長莊哲彥進行治療，病情才穩定下來。

張昭鼎清醒之後，連副院長何時來去都沒有記憶；他嘆道：「看來我剛才已不省人事。」然而沒多久，他又在走廊與人侃侃而談，一如往常。其實每次他在急診室做急救醫療時，他都忍不住說出：「我好痛苦！」但是他就是不肯休息。醫生也知道這傢伙遲早要請假再出去工作，不把病魔當一回事。這是他一貫的工作態度，是個性也是命中註定吧！他一腔熱血，一顆熱心，引得朋友有事沒事，都愛跑到原分所找他。他要有空，就坐進沙發，陪你聊兩句；若不得閒，你報告你的，他邊聽邊看文件；你講完，他知道了自會處理，你儘管告辭。張昭鼎就是這樣，事事躬親，自己的健康擺一邊。經過十年的努力，原分所上了軌道，他自己卻無緣看見正式成所的那一天。

第六節　家庭裏的身教言教

前面我們說過，張昭鼎愛吃美食，尤其對於海鮮，幾乎無招架之力；有時回家看到麗嫣煮的飯菜不中他的意，不發一語，頭轉了就走，上清華餐廳吃飯。據張典顯的說法，因為祖母沈金倉非常會煮飯，烹飪技術名聞鄉里；加上父叔們小時候窮苦，長大了重口腹，難免有心理補償作用。所以張昭鼎熟知每一間美食餐廳；又喜歡吃新奇的，聽說哪裡有好吃的就會特地去吃。張昭鼎可說是傳統的大男人，不只為吃美食，外頭有事，說出去就出去，從不向老婆交代行蹤。當然外頭的事情無非是科學教育、社會運動等等。

張昭鼎以科學、教育為終生的志業，一輩子沒有改變初衷；不可諱言，也因而犧牲了一大部分和家人相處的時間。他如果不主動述說，他的思想與工作，對孩子來說都是一團迷霧。他要求高，所以孩子們不會走歪，但成長過程少有父親陪伴，難免失落。

寧芝四歲跟著爸媽由德國回來，住在清大教職員宿舍。和妹妹瑛芝的感覺一樣，成長的過程中，張昭鼎離家當教授的時間多，在家當父親的時間少。短暫的相處時間，又緊繃得不得了。只覺父親一雙濃黑的眉毛仰之彌高，吃完飯就看書。當然父

▸ 全家福

親也希望自己的衣缽後繼有人，因此老是買礦石標本、迷你顯微鏡等等做禮物，也不管女兒會不會使用。張昭鼎自己很愛閱讀，日文德文流利，日本人譯書很快，而德文書的出版量是世界第二；這兩台語言貨車有助於他載運世界最新資訊。書磊滿床頭，甚麼松本清張、司馬遼太郎，黑名單作家李敖、柏楊、周恩來、郭沫若一樣不缺，都是從台大對面常常被警總找去喝茶的書店老闆那兒偷偷買來的。弟弟立奇趁著父母不在偷瞄，書有日文中文英文，還有自己認不得的文字，隨手抽下一本中文書，居然是禁書《魯迅全集》。立奇日後再讀《魯迅全集》，看到魯迅的名句「橫眉冷對千夫指，俯首甘為孺子牛」，覺得爸爸沒有魯迅那麼尖刻，但對他不以為然的人，也是會橫眉冷對的。

有次家裡來個客人，麗嫣奉茶之後喚昭鼎出來。他人到客廳，一屁股坐下，從頭到尾低頭看報，不問好不勸茶，半個字都沒有說。全家人傻住，只能跟著保持沉默，這個不速之客自覺丟臉沒趣，匆匆告辭。後來才知道爸爸討厭華而不實，空作清談的人；討厭迷信的人滿口妖魔鬼怪；也恨有所求、光送禮、講關係、不走正途的人。至於這個人犯了哪一條張氏鐵律，時光模糊了記憶，就難以追索了。

張昭鼎樸實直率的個性以及直截了當的言語風格，有時難免令人覺得突兀，甚至引起誤解；例如岳母自嘉義來訪，行李在車，後腳跟都還沒進門，他劈頭就問：

「阿母妳何時要返去？」岳母心裡犯嘀咕，怎麼？才剛來，就要趕我走？這女婿想什麼啊，平常孝順得很啊……苦惱了半天，才明白不是要趕她走，是未雨綢繆，好意要先去幫她買回程車票。對岳母都這樣憨直，更別說對學生或朋友了。某次《科學月刊》兩位編輯到張家討論工作大綱，大家邊用飯邊談，忽然張昭鼎對這兩位正在用餐的年輕人說道：「你們該走了！」兩位編輯面面相覷，怎麼還沒吃完就下逐客令了？原來是張昭鼎怕他們趕不上回台北的火車，提醒他們注意時間。

張昭鼎在家時間雖少，對孩子們的教育其實是很關心的。他自己的政治思想傾向社會主義，嚮往五四運動的自由批判學風，連為孩子們選擇兒童讀物，也常常出人意表。一次到日本買了連環漫畫回來，兒子立奇興奮得很——從日本坐飛機來的漫畫！想到就開心得不得了。包裝紙一拆開，居然是水墨國畫的《阿Q正傳》！當然，張昭鼎給孩子科學方面的指點還是比較多。立奇回想小時候，父親常為他解說一些科學現象，給他摸從德國帶回來的隕石；看他玩火，放鞭炮，媽媽擔心，父親居然說：「喜歡玩火，不錯，長大可以念化學，我以前也是煮菜玩火玩出來的。」還主動買很多煙火回來，希望啟發他觀察事物的興趣。

有張昭鼎這麼出名的爸爸，孩子們除了尊敬之外，心上也不免沈重。他的成就，他的地位，有意無意之間給了孩子壓力；張昭鼎對孩子很嚴厲，從課業到做人都有要求，寧芝、瑛芝、立奇三名子女遂籠罩在父親的高氣壓下，有些呼吸困難。

對瑛芝而言，父親的思想彷彿天上飄落的雨，深深的滲入她的骨髓裡。

一九八〇年，瑛芝念北一女中。那時張昭鼎忙著辦原分所，台北新竹兩邊跑，麗嫣和立奇都不知道他忙甚麼。台灣民主運動正逐漸蓬勃，黃信介已經出來龍山寺演講台灣人主權等等主題，北一女校方為避免「思想毒害」，放學前訓導主任就會召集學生，說今天不准往那邊走，全部改道。還說去聽演講的人都有拿錢，這些人為利所誘，都不是心甘情願的。瑛芝聽了，滿腹疑惑，爸爸也有去啊！怎麼沒看他拿錢？回去要問問：爸，你到底有沒有拿人家的錢？校長老師都說去聽講的有拿錢喔！

高中小女生，開始思考所謂的誠信與氣節。

從小學到高中，爸爸在家幾乎不談政治，因為講了也沒用，孩子這麼小，要是亂傳就慘了。他不說，一方面保護子女，一方面保護自己。爸爸剛回國任教，找學生講話，母親都會擔心是不是有人躲在外面偷聽。那種雪白刺眼的恐怖，塑造了一個集體無端恐慌與偏執（paranoia）的年代。據說送出國的留學生許多是政府的「爪耙仔」；在台灣，學校工友往往是政府監視的眼線，曾經有教職員沒看內容就幫朋友影印文宣，出了事，連帶莫名其妙的被抓去關了幾年，好可憐。但整個教育體制幫忙掩護，這些事件都成為以國家安全為前提的合理存在。

後來，班上要推瑛芝參選班聯會主席，她打電話回新竹報平安時隨口提了一下，漫不經心的說選上選不上也沒甚麼大不了的。沒想到，張昭鼎竟然連夜叫她回來，口氣堅決，沒得商量。她覺得這簡直莫名其妙。一進家門，父母親神色肅穆的請她坐下，然後開始談二二八這段被深埋的歷史，國民黨試圖清洗的血跡；告訴她黨國專制如何進行洗腦與改造，向她揭露她從來不知的歷史真相。瑛芝這時才知道自己一直活在幻境中，活在假象中，活在謊言中。那是當年台灣特有的實境秀：為了應付老大哥無所不在的視線，大家表面上看起來都很忠黨愛國，都不願表露真正的政治立場；有些人失憶，有些人假裝失憶，但心底的痛苦仍然存在。瞭解之後，她當場掉淚，原來，父母親背負著那樣子的歷史傷痕，默默的忍耐，不敢對人言。張昭鼎最後說：「班聯會主席就是準備被吸收成國民黨的，你如果當了國民黨黨員是非常丟臉的一件事，出國會被人家笑。」

當過國民黨小組長的張昭鼎，在此向女兒袒示了心裏的一道傷口。

解嚴前後「李文忠事件、野百合運動」次第出現，台灣社會對民主民權開始覺醒，那是熱血奔騰的年代！其時張昭鼎已經生病，氣喘嚴重，體力不比從前。但縱使天下著雨，他還是辛辛苦苦背著氧氣筒、帶著藥，去中正紀念堂抗議，幫學生打氣。瑛芝也去靜坐，看見他，驕傲得很，想爸爸應該以她為榮吧？她朝爸爸揮揮手叫他，張昭鼎大聲回她：「啊妳不返去唸書，在這裡做啥？」瑛芝本以為可獲得讚賞，卻碰一鼻子灰。因為張昭鼎認為，人還是要有自己的專業，穩紮穩打，好好唸書才是學生的本分；女兒應該走學術的路，以後才會有較大影響力。抗議交給他就好，一家出一個烈士，就夠了。

瑛芝台大畢業後順利申請到美國史丹佛大學唸書，她正在興頭上，卻又被爸爸澆冷水：「沒有歷來台大人的優秀表現，你哪有機會去呢？你不該更謹慎、更努力嗎？」結果瑛芝去了美國之後壓力很大，怕害到後面的台灣學生，斷了別人的路。一直到美國的系主任寫信給台大系主任，感謝台大推薦這麼好的學生過來，瑛芝才真正鬆了一口氣。從這些往事，可以看出張昭鼎思慮的深遠，以及對子女的關愛和期許。

回想起來，爸爸算是「台灣優先派」，甚至是「台灣人優先派」，卻也不是狹義的台獨主義。因為他喜歡跟各行各業表現傑出優秀的人結交，無論在台灣、中國、美國、日本、歐洲，他都覺得具備國際的視野，開放胸襟，向世界各國搭橋，這樣對台灣的發展最好。他很實際，不講台獨，也說他這輩子兩岸不可能統一，唯一能掌握的，就是現下——做好眼前的每一件事。

說起來張昭鼎在家庭裏的言教其實不多，他只是實實在在做自己該做的事，在不言中為子女立下一個典範而已。不過當時孩子們太年輕，無法理解父親，等到上大學之後，有些懂了，卻徒有緬懷，空留追憶。

第四章　社會改革運動的參與

第一節　支持民主化運動

從之前幾章，我們已經知道張昭鼎關心社會卻不熱衷政治：他認為並不是每個關心政治的人都要從事政治的運作，更應該在自己的位置上做好自己的事。然而當年各方勢力詭譎變幻，有能力的人，在因緣際會之下，雖不主動介入政治，政治也會找上他。

台灣的歷史，是一連串的殖民史。在台灣這片殖民地上生長的子民，經過二二八事件後，都會得到啟示：我們台灣人只有台灣，沒有地方可以去了。一九七〇年代，是台灣政治屢受挫折的十年。從釣魚台事件開始，到一九七二年美國國家安全顧問季辛吉訪毛澤東，最後在一九七九年中美斷交，引起島內更大的憤怒與恐慌。這種種外交上的挫敗動盪人心，國民黨不得不轉變內政上的統治手段，釋放部分政治權力給本省籍人士。於此同時，台灣青年已經能以流利的中文書寫、辯論，將二二八之後沈默的本土力量，重新凝聚，形成一股反威權的動能。

對於這個轉換，張昭鼎在給哥哥的信件中，提出他個人的觀察：

蔣經國上台以來，裝模作樣拉攏本省人，接近下階層，企圖在延續KMT的壽命，究竟能做到什麼地步，恐怕不能由其自己。我自己的印象是蔣經國有意造成「中國人建立的另一個國家——台灣」，以維持在台灣的統治，但老一輩的人似乎不能完全接受。隨著孤立的深刻化，在最近的期間恐怕需要做痛苦的抉擇。最近對台籍人士的拉攏，甚至邀請台獨份子回台，保障安全等措施，就是明證。季辛吉會見毛澤東在台灣引起很大的關心，我個人總有一種感覺，變化的發生可能是「遠在天邊，近在眼前」，一時一刻都不能夠疏忽應付明天的準備。

八〇年代變化劇烈，從一九七九年美麗島事件，至一九八六年民進黨成立，終於一九八七年解嚴。從社會層面來看，環保運動、反核、農運、工運自八〇年代中期風起雲湧，徹底改變了台灣社會的本質。在那個年代，似乎每個人都和政治緊密相關。

那張昭鼎怎麼自處呢？

先講一件和張昭鼎人生哲學相關的小事。有次他帶學生爬苗栗虎山，順道泡溫泉過夜。袒誠相見之際，張昭鼎有感而發，講起薛丁格（Schrödinger）和海森堡（Heisenberg），但不提波動力學和矩陣力學，而是談知識份子的責任與社會關懷。「納粹要發展原子彈，為什麼薛丁格敢說Nein，而海森堡說了Ja？唉，知識份子也是人，也有弱點，但是無論如何都要肩起社會責任，該說是的就說是，該說不的就說不，不管你面對的是誰。」——這就是張昭鼎自處於亂世的圭臬。

想當年張昭鼎回國，在中科院這麼保守、又肩負重大任務的軍方機構兼職；但是，他仍然該說是的就說是，該說不的就說不，只做他認為可以做的事。而且對於社會改革運動態度也並不畏縮，只是有時也不免讓自己陷入危險之中。

有次張昭鼎拜託準備出國的朋友攜帶一些牛肉乾、茶葉等土產給在德國的哥哥張宗鼎，聊解哥哥思鄉之情。沒想到朋友才到機場，警總的人員馬上把他帶到旁邊，搜行李，翻證件，連牛肉乾都拆開檢查，最後赫然發現台南神學院起草的「人權宣言」藏在茶葉罐裡。這一翻開可不得了，在當時這份宣言與台獨宣言沒有兩樣，普通人絕對被解聘、審判、吃牢飯。然而調查人員有所顧忌：張昭鼎畢竟是歸國學人，在中科院有份量，有頭銜；在清大是知名教授，而且放射化學的發展也必須倚重他。警備總司令部打電話給中科院院長唐君鉑，唐君鉑想了想，告訴警總說：「還是放了吧。」警總讓他走，實則仍然派人暗中在學校、在家附近監視，也在德國佈下眼線，雙管齊下，計謀要擒住背後整個網絡。張昭鼎蒙在鼓裡，只覺週遭陰影幢幢，又說不上為什麼；連教務長王松茂教授都覺得奇怪，怎麼一天到晚有人來學校查張昭鼎的資料？到了一九七七年張宗仁從美國學成返台，和日後任職成大校長的王唯農吃飯；王唯農告訴張宗仁，「你老闆張昭鼎出了問題，大家都在監視。我跟你講，但你不可以告訴他。」王唯農前腳剛走，關心老師的張宗仁馬上告訴張昭鼎，張昭鼎才恍然大悟，明白那些陰影是怎麼回事。

幸虧後來無事，大概因為清華大學和中科院兩邊對張昭鼎都十分器重。現在回想起來，張昭鼎不過是想讓哥哥和海外人士知道，台灣島內有很多事正在發生，只是被掩蓋而已。而人權宣言藏這麼隱密都被發現，想必有內鬼告密，當時政府調查、埋線之嚴密，由此可見一斑。

然而，張昭鼎認為對的事他就是要做。一九七八年，當「台灣黨外人士助選團」成立之後，張昭鼎既興奮又害怕地跑去位於民族西路的辦事處，找當時的總幹事施明德，自我介紹，傾訴自己身為殖民地子民，對台灣的熱愛和使命感，也鼓勵他們努力行動，追求台灣的民主自由。他很清楚他是誰，他是什麼，從何而來，他有不得不去做的衝動，有為台灣奉獻的激情。施明德對他的印象就是：「謙虛、隨和，但台灣意識很清楚。」

在張昭鼎的最後十年，正逢台灣社會民主運動的狂飆期。為台灣尋求未來的希望與發展，他有許多事想做、要做；而許多事情也需要他的襄助推動。

一九八八年，政府為了在台美貿易談判中紓解來自美方的壓力，決定擴大國外農產品進口的數量與種類，結果引起農民的恐慌。五月二十日當天，由「雲林縣農民權益促進會」（簡稱農權會）發起、總指揮林國華與副總指揮蕭裕珍，帶領雲林、嘉義等十個縣市數千名農民北上陳情，抗議政府擴大外國農產品進口。試圖透過街頭遊行，直接傳達農民的訴求，希望能改善農民的福利，爭取農保，提高農會權力。

下午兩點，雲低日頭熱，血沸怒氣高；林國華、蕭裕珍和農民群聚臺北車站前，在前往中正紀念堂途中，與在立法院前部署的警方爆發衝突。直至次日清晨，陳情農民堅持不退，還就地躺下，象徵暴政之下屍橫遍野。鎮暴憲警立即展開強力驅離；示威群眾不甘，以石塊和汽油彈還擊，對抗代表「公權力」的警棍與盾牌，造成包括學生在內多人受傷。最後警方於二十一日依現行犯逮補林國華等三十二人，更依違反集會遊行法、傷害等罪嫌移送檢方。總計在這起事件中，共有一百三十多人被捕、收押人數達三百九十六人。對此中央研究院及各大學的一百多位教授學者，聯名發表稱為「我們對五二〇事件的呼籲」之公開聲明，表態聲援農民。這是解嚴後首次有這麼多知識份子站出來為農民運動說話，張昭鼎當然也在其中。之後又有三百多位教授加入簽名，從人權角度指責政府反應過度、濫用國家暴力。

然而，政府不甘示弱，主導媒體一面倒批評群眾運動之非理性及破壞性，司法機構則對遊行的農民提起公訴。媒體一致痛批：農民北上抗議，說是扔白菜，沒想到白菜下全是比拳頭大的石頭，組織遊行者係「預謀」傷害，鼓動「假農民」滋事，蓄意鬧事，製造動亂，實實罪無可逭。農民團體對此項指控自然矢口否認。

在各方爭論中，「五二〇事件」的「石頭預謀」於是成為一宗「羅生門」。案發後，針對檢方指控農民的諸多疑點，清大教授們提出組團下鄉調查解疑的建議。身為教師聯誼會的會長，張昭鼎當然也支持這個行動，並親自參與。最後在教授們有共識，彼此協助的情形下，清大教師們組成調查團，包括黃提源、謝世哲、傅大為、楊末雄等等，以及交大教授若干人共二十幾名，到雲林二林實地勘探，針對「石頭預謀」之說進行調查。從搬運過程、每項工作的時間點、負責人、司機的證詞……種種角度進行研判；最後提出一份《五二〇事件調查報告書》，反駁官方說法：政府說農民去墓地搬石頭上卡車，意圖傷害；但實際調查的結果，墓地根本沒有石頭，可證所謂「卡車載石頭」的指控是捏造的，司機更沒有所謂受到煽惑，故意製造混亂云云，所有指控，根本就是栽贓。

然而，後來司法判決的事實認定，與教授調查團得到的結果完全不同。不過，儘管「五二〇農民運動」付出了慘痛的代價，但到了一九八九年七月，農民保險上路，肥料降價、稻價提高，以及農地釋出等政策也相繼實施；總計「五二〇農民運動」中的七項訴求，已實現了三項，可說是陣痛後換來的具體成果。

和許多同儕一樣，張昭鼎反對威權，不只停留在思想，還落實到行動上，要在可能的範圍內爭取最大的自由。一旦知道任何人需要幫忙，他都會伸出援手，不分黨內黨外，本省外省，因為他覺得人的不幸各有不同，但所受痛苦都是一樣的。他自己和家人受過威權統治之害，看到別人有難，自然產生一股同理心。他說自己在國外的時候，是「粉紅色」的：反國民黨，但也不是支持共產黨；只不過所作所為都是以扶持弱勢為前提，而不是跟著主政者的口號和利益在走。

現在看來，如果沒有這些知識份子站出來支持黨外運動，台灣民主化恐怕還要再流更多血，還要延後很多年。在這些有關爭取民主自由社會公義的行動上，張昭鼎不只在旁邊幫忙「推動搖籃」，該演講、站臺、吶喊的時候，他也會跳上臺去抓住麥克風。反核、環保運動、公害防治、廢刑法一百條，他都在，無役不與。

他能放手做事，也和他與李登輝先生的交情有關。李登輝和張昭鼎的相識，在第一章已經略有提及：透過哥哥張宗鼎，張昭鼎結識了李登輝。在李登輝擔任總統之前，就常常找科技人才聊天、交換意見。張昭鼎是最早的歸國學人之一，李當然也常與他會談。兩人都曾受過日本教育，日文會聽會說；李登輝好學，他也好學；總之，頗有共通點。張昭鼎去日本時，還會幫李登輝買書，回來講給李登輝聽，讓他認識最新的科技。

一九八〇年代，他與李登輝、沈君山等人更親近，自然為黨內黨外做了些穿針引線的協調工作。他沒有黨派和個人的偏私，所作所為出發點和最終目標都是為了國民福祉。他也參加社會改革團體如澄社、台教會、大學改革促進會的活動，期望能對國民黨有所針砭，盡一知識份子的責任。即便有人誤會他，說他做事順遂是因為和李遠哲、李登輝交情很好，攀附而來。其實完全不然。大家會去找張昭鼎幫忙與合作，正如前述，因他為人真誠，值得信賴。否則，政商關係良好，比張昭鼎更有權力的人比比皆是，怎麼有志改革之士不找他們呢？台大教授林和就這樣稱讚張昭鼎：

他像春秋戰國時代的游俠或公子，從市井製造奇蹟，出入上下四方無礙，他認識許多貴人，但他的「俠」氣卻很鄉土化。這世上有一種人，你不必太擔心一般所謂之意識型態，因為他的善意與寬容就是這樣的人物（註）。

進入九〇年代，有許多重要的民主事件，其中一九九〇年台灣教授協會成立（簡稱台教會）是件大事。台教會由師範大學林玉体教授擔任第一任會長，張昭鼎任第一任副會長。這兩人是君子之交，張昭鼎大林五歲。八〇年代末，當林玉体學成回台，陸續在報紙上發表了許多關於台灣民主與主權的文章，反對威權統治，言詞激烈到師大想把他解聘（當時的教授一旦被解聘接著就會被拘禁訊問）。當時張昭鼎是中研院原分所籌備處主任，與林玉体素昧平生，只因被林玉体在報上的文章所感動，便主動寫信鼓勵他繼續為正義和公理發言。林玉体覺得在沉默的時代，居然還有長者願意雪中送炭，使他感覺分外溫暖。因此林玉体對他非常禮遇與敬重。

台教會成立之後，這群博士教授首要的主張就是台灣獨立，直接挑戰政府高官所說支持台獨的「都是沒知識、沒水準、文盲」的偏見；也直接激怒了保守人士，而視台教會為眼中釘肉中刺。台教會高調的言談引起李登輝總統的注意，一次聚會中，李登輝當面問張昭鼎：「你們台教會都在搞什麼？」——要知道，在台灣民主化的過渡期，李登輝是一個重要的角色。有人討厭他，認為他找了郝柏村做行政院

註　林和，〈惜別科月的列車長〉，《惜別大家的張昭鼎》，頁53。

長來打壓社會運動；有人欣賞他，因為他在幾十年國民黨盤根錯節的權力網絡中殺出血路，用盡各種方法和手段把台灣帶向民主——他問了這樣的問題，張昭鼎就直話直說：「我們都是一群有知識，有理想的讀書人，正在為台灣前途努力奮鬥。」張昭鼎直言不諱，得到李總統的認同與開明以對，使得台教會免去了可能的麻煩。否則每次台教會下鄉辦演講，永遠人山人海，捐款滾滾而來，聲勢浩大，絕對是掌權者的威脅。張昭鼎每次活動都會參加，表示關心，詢問是否需要幫助。當時原分所的籌備正如火如荼展開，他自己的學術研究也忙，還願意參加台教會活動，原因在於他認為一個人都拿到博士、當上教授，對於爭取民主民權的事如果還保持沉默，那無疑是可恥的。

這些活動中，最具代表意義的，就是由廖偉程獨台案引爆的廢除刑法一百條運動。

一九九一年，廖偉程和陳正然等清大學生，偷偷組了一個「獨立台灣會」，一起閱讀、分享左派的書籍，支持台灣獨立。一天，廖偉程早上聽完傅大為的課，晚上就被調查局從宿舍「請」走了。政府逮捕他們引用的條文，就是惡名昭彰的「懲治叛亂條例」與「刑法一百條」。這是嚴重違反人權的惡法；簡單的說，只要你碰觸到變更國體、顛覆政府等議題，即使僅止於思想言論、紙上談兵，都要被治罪。

而且動員戡亂時期廢止前，這些案件都由軍法機關審理，不走一般司法程序，人民的權益因而受到極大的傷害。

事件爆發之後，輿論一片譁然；清華的學生氣湧如山，以為這是破壞校園制度和學術自由。學生相約在大草坪上聚集抗議；時任清大校長的劉兆玄教授也火大，因為政府要進宿舍捉人，居然跳過校長，十分粗魯無理。一氣之下，從學校發車，載了張昭鼎等教授們到北機組調查局去抗議。有天學生們從電視上看到張昭鼎在中正紀念堂台階上靜坐，驚訝不已。幾天後上課，在教室對著他說：「老師！我們有看到你！」本來期待張昭鼎會和他們一起罵政府，沒想到他用對女兒那一套對付他們，只淡淡說一句：「你們好好念書，抗議我去就可以。開始上課！」他課堂之外的事，都不會主動向學生說，但他絕對會在適切的時機清楚表達自己的立場。那時張昭鼎氣喘一發作，都住入台大醫院；這次行動過程中，他又住院了。女兒瑛芝把抗議文宣貼在病房的門口；隔天，護士就來了，委婉的說「別的家屬有意見。」張昭鼎雙眼盯著她，字字句句清清楚楚地說：「這是我的房間，我愛貼什麼就貼什麼。」醫院方面也拿他沒輒。

台大陳師孟教授等師生，一面繼續在中正紀念堂前靜坐，一面製作文宣標語要求調查局放人，結果標語才拿出來，即被警方毆打驅散。隔天，十五所大學、研究機構成立了「知識界反迫害聯盟」；台灣大學法學院學生發動集體罷課，號召大學生在火車站抗議，要求釋放廖偉程等人，並廢止「懲治叛亂條例」與「刑法一百條」。不想改革尚未成功，同志竟成階下囚；為首的台大校友李應元和郭倍宏以預備叛亂的罪名遭禁在土城看守所，而獨台會四學生確定被起訴。學生的父母親哭得死去活來；他們的教授縱使以人格擔保自己的學生不可能賣國也無法將他們保釋出來，只能親自探望學生，然後向他們的父母親回報平安而已。

這時台大醫學系教授、中研院院士李鎮源已經是台教會的一員，他與十多位醫學院同仁去探視李應元和郭倍宏這兩位台灣大學的畢業生之後，深感這兩條法案一直是政府打壓政治異己的統治工具，嚴重阻礙台灣的民主發展與憲政運作。遂於一九九一年九月，聯合林山田等教授領導成立「100行動聯盟」，要求廢止刑法一百條。該聯盟發起總統府前靜坐，被憲兵驅趕後，轉戰台大醫院。當時行政院長郝柏村計畫強制驅離，雙方對峙情況升高。此時張昭鼎語重心長的向李登輝進言，如果最後只剩驅離一途，絕對不可以傷了李鎮源，因為他德高望重，又於國家有功。十月九日，警方開始動作，推拉抬扯，哨聲震天，躺著坐著的一一拖上警車。李鎮源年紀大，原本聯盟體恤他，找來一把椅子給他坐著，警方便連人帶椅一起抬走。

同一時間，台大學生也在校園內發起示威運動，憲兵要圍法學院，阻擋示威學生靜坐。當時孫震校長人在國外，校務由教務長郭光雄負責，而法學院院長是戴東雄，運動期間兩人密切聯繫；現下學生要求不能讓憲兵進校園，陳師孟帶頭要在校園裡搭講台，讓大家輪番上台講演。戴東雄告訴郭光雄：「搭了，變違章建築，越鬧會越大，不如開放大禮堂，讓他們暢所欲言；我身為法學院院長，在體制內我還可以控制，一放開事情鬧大就難了。」

後來政府讓步，憲兵收手；對社會大眾與媒體，則由學法律的戴東雄出面應付，因為戴說話謹慎，語氣平和，學校比較放心。這場風暴能安然度過，帶領台灣跨出民主化的一大步，固然有賴眾人齊心協力；但張昭鼎居中溝通傳話，在政府與黨外聯盟之間協調折衝，應該也是重要的因素。

最後，在各方施壓，通力合作之下，終於在次年成功地修正刑法一百條中最最危害人權的「預備陰謀內亂罪」條文，改成必須「以強暴或脅迫著手實行」等具體且實際行為才得治罪；這項成就消除了政府藉端剷除異己的畸形手段，台灣人民的人權一時大為提升。

除此之外，一九九〇年三月的野百合學運中，學生代表和教授們也常透過張昭鼎傳達意見給總統，溝通雙方意見；而張招鼎也苦勸學生停止絕食抗議，為國家保持有用之身，為民主盡更大心力。學運最後促使國代讓出權力位置，加速台灣民主化……類似的例子不勝枚舉，往往緊張狀況中，幸賴張昭鼎親上火線拆除引信，否則有些爭端真不知會如何落幕。

張昭鼎和台教會的合作，確實一點一點推動民主政治向前進步；可說台灣民主運動，學術界出力很多，他們用知識力和實踐力帶動了社會進步，打破學術和現實人生脫節的刻板印象。

然而，張昭鼎並不把自己局限於某一種俱樂部，不作誰的信徒，他的出發點都是為了社會和人民。不瞭解的人怨他不選邊站，瞭解的人（如李登輝）就會信任他而讓他發揮專長；對後來的科學發展、教育政策，發揮了一定的影響力。張昭鼎曾對子女說過：「讀化學，做科學家留在台灣，至少可以說真話，還能學以致用；但像你阿信伯，念法商的，政府盯得緊，到最後無法發言。」對張昭鼎這些只說真話的人來說，要不就是走理工科的路，要不就是流亡。他對民主運動、社會前途有如此強烈的關懷，念茲在茲的就是要踏實的做好每一件該做的事情，不囉嗦不浮誇，一心一意為美好的明天尋求希望。他有一句口頭禪：「歡喜、歡喜。」似乎意謂著，他就是以歡喜的心情去做想做、該做的事，以甘願的心態去面對所遭遇的種種困難。

他雖立志做大事，但在政治上，對於台獨、統一等國家選項，他不是存而不論，就是敬而遠之；因為他總認為好好做事最重要，口號、口水能省則省；但是他支持本土利益的立場絕對是鮮明的，因為走過台灣歷史風風雨雨五十年，他深知台灣歷史有很多荒謬，蘊藏許多難以想像的悲情。所以對許多人事物、思想感情，他都充滿理解和寬容。

舉戴國煇和陳玉輝這兩個張昭鼎的朋友為例，就可見當年台灣政治的荒謬與悲哀。在日本立教大學教書的好友戴國煇教授，寫台灣史，他左傾，反國民黨，但也反台獨，主張台灣和大陸密不可分，然應保持自己的主體性。但這種踏實的研究與獨立的思維，也不見容於當朝，而被列為黑名單的一員。另一個大中國主義的朋友陳玉輝，年輕時反國民黨，成為共產黨積極吸收的對象，因而留在德國回不了台灣。但後來，看到共產黨從文革到六四一路做壞事，使他徹底感到幻滅；結果落到台灣中國兩邊皆無法棲身，真不知何去何從。只好留在德國，幫日本人譯書，有空當當導遊過日子。一九八九年宏博又給張昭鼎獎助金，回德國演講兩個月，巡迴九個地點，期間攜家眷暫住陳玉輝家。有趣的是張昭鼎的德文、日文不錯，看陳玉輝譯書自己也想一試，索性留在家幫他把書譯完，而讓陳玉輝帶著洪麗嫣和張瑛芝母女倆四處遊玩，也算另類的「賓主盡歡」。

台灣幾十年來的悲哀是：左派的左統、左獨都違反執政黨的利益；右派的執政黨則被本省籍的人民疑其居心。雙方各執己見，幾無妥協溝通的餘地。張昭鼎認

▸ 再訪德國，左一即為陳玉輝

識到與其陷入這種意識型態的流沙，不如面對當務之急，先求國家富強，改善人民生活福利。但基本上張昭鼎覺得憲法給我們自由，民主，我們就應該擁有這樣的權利；一旦被剝奪，就必須設法逼威權者和既得利益者吐出來。因此他支持民主運動，促進政治改革；如一九九〇年三月野百合學運、五月反軍人組閣靜坐以及反軍人干政，反萬年國代修憲……張昭鼎都參與其中，擔任奔走斡旋的重要角色(註)。黃榮村教授認為：「這樣的角色在我來看，在當時剛解嚴之後，諸多不確定與肅殺抹黑之風仍盛時，張昭鼎確實是發揮了一些正面促進的功能。」

綜觀上述，我們可以為張昭鼎在政治社會方面的心態與實踐畫出這樣一個輪廓：年輕時他站在台灣人立場，但也不排斥中國；因為他們念大學時都是社會主義者，嚮往社會主義的國家藍圖。張昭鼎這群人認為中國的階級革命行動才是正向的，符合人類未來的理想。但隨著中國的各種整肅運動，特別是文化大革命所引起的文化與人性的大倒退，使他們逐漸拆解了中國迷思；於是把眼光心力專注於眼前的每一件事務，腳踏實地，不空口說白話。所以，有關體制的改革、人權民主的爭取，他會著力襄贊；但卻不去做統獨的口號論爭。這就是他參與政治社會運動的原則。

註　作者按：關於張昭鼎的台灣社會運動參與，特別感謝張昭鼎的得意高足——張宗仁教授，提供口述資料，並再現當時社會氛圍。順帶一提，張宗仁對於口中的「張老師」，只有滿滿的感謝、尊敬與懷念。他退休之後接受學生採訪，一談起如父如兄的張昭鼎，還是忍不住哽咽，紅了眼眶；足見師生情誼之深厚。

第二節　追求環保正義

二〇一一年，因為福島核災，日本發起了大型的反核運動，遊行抗議，包圍首相官邸、國會議事堂；為的就是避免福島核廠意外造成大量輻射外洩的慘劇再發生，希望打造零污染的生活環境。環保的目標與經濟的考量，兩者往往背道而馳，爭議至今尚未落幕。

像這樣的歷史一再重演。

從一九五四年蘇聯建立第一座核能發電廠以來，核能和其他發電設備相較，效率高，成本低，被視為最符合經濟效益的能源。台灣缺乏天然資源，因此一九七〇年代開始陸續興建核能發電廠，就是這種時代潮流下的產物。但是一九七九年美國三哩島事件，以及大家聞之色變的一九八六年車諾比爾事件，提供人民與科學家另一個思考的面向：一旦核能外洩或爆炸，核電廠造成的生命財產損失是永遠難以彌補的。另一方面，隨著時代進步，許多新興能源、新的發電方式，都可以達成台灣用電的需求。正反兩方的考量逐漸撞擊出反核的火花。民間對核能的質疑與憂慮進而凝結成反核意識。但台灣當時仍處於戒嚴時期，凡事以政治解讀，反核就是反動，要被扣帽子接受調查。一直等到解嚴後，反核運動才正式開始。

反核運動，是一場專家對抗專家的戰爭。張昭鼎從五〇年代走來，參與研究、發展核能，深知核能的利與弊，例如學成回國後，他分析原子爐冷卻水中的放射性物質，使人們更清楚冷卻水對環境的影響。時代越前進，弊病越暴露，他反核的想法越清晰。

一九八五年三月，清大數學研究所黃提源教授說服他的立委朋友王清連在立法院提出質詢，要求暫緩興建核四，當時有五十五位國民黨立委以及六位黨外立委共同響應，輿論亦開始報導反核議題。隔年，便發生可怕的蘇聯車諾比核電廠核災。這更加深了黃教授反核的決心，還曾經獨自一人在核四工地前舉起反核的標語。除此之外，核廢料放在蘭嶼這樣的小島很不安全，對居民有嚴重危害，引起蘭嶼居民的民怨，況且蘭嶼核廢料容納量有一天會滿，到時候該怎麼辦？這一直是個無解的難題。一九九〇年二月，清大教授對於校園內是否該興建一座新的研究用反應器反應不一，引發了清大原子爐論戰。黃提源教授開了第一槍，在清大教師聯誼會的會訊中提出反對意見。但是黃提源的專業是數學，反核必須仰賴張昭鼎提供專業知識，串連教授彼此支援；而公開發言的任務就讓給敢衝敢拚的黃提源。這次清大教授間的爭辯，雖然最後沒有共識，但從論戰中可知，張昭鼎反核的立場無庸置疑。

在此不妨一提張昭鼎與黃提源相識的過程。有趣的是，在認識張昭鼎之前，黃提源早已經認識「張太太」洪麗嫣了。因為黃提源念研究所時，應邀當葉錫溶教授大兒子的家教，因而在葉家認識這位先生在德國唸書的張太太；隨後發現自己和洪麗嫣是台南同鄉，人不親土親，逐漸和張家熟稔起來。等到一九七二年黃提源從美國回來，又發現與張昭鼎愛國愛鄉的理念相同，兩人自然而然成了莫逆之交。私底下也常常約了去慢跑、爬山，順便聊聊各種環保的問題。

兩個有共同情操的人，又在同一間大學教書，都具有改革社會的熱情，彼此討論、互輔互補。黃提源接任清大教聯會副會長，輔助會長張昭鼎；日後黃提源擔任新竹公害防治協會會長，也邀請張昭鼎加入。日後的反李長榮化工廠、反杜邦等運動所需的化學知識，張昭鼎都提供不少資料。

一九八六年，清大教授加入抗議李長榮化工廠的行列——這是清大教授正式加入地方，參與社區公共事務的開始。因為李長榮化工廠製造動物藥劑時，排放的氣體含有惡臭，氣味類似腐屍。在廢氣、廢水處理的必要性尚未成為社會共識的年代，李長榮化工廠排放的惡臭廢氣方圓十里可聞。換言之，從清大光復路正門到寶山路後門；打清大東院至新竹中學，全是廢氣自由流竄的區域。更惡劣的是，李長榮的工廠機器乃從日本買來，相關產業在日本已經被列為高污染產業而關門大吉；但當年台灣環保標準低，那些機器買來還是可以通過環評，而且廠方不買環保設備，只買製造設備賺錢，根本不管別人死活，還大言不慚的說自己是政府經濟部立案的工廠，「絕對合法」。

那時劉兆玄和黃提源等教授住在清大北院，緊鄰化工廠，首當其衝。劉兆玄剛生的小孩，整天咳個沒完；劉氣得不得了。有這樣的因素在，自然許多事情都由北院的教授出面交涉、談判。張昭鼎則發揮所長，研究分析各種化學物質對人體的影響，提供黃提源具體的有力證據，揭發擴散到隆恩圳、九甲埔圳的汙水毒害土地的實況。黃提源教授跳出來批判李長榮製造污染、不按照環保程序走就是不對，還敢說自己合法！古來民與官爭難，現代社會民與商爭，更是難上加難。但我們這些教授可不是嘴上講講而已，遇上廠方不理不睬，也很有「土」方法的。李長榮強硬，他們更凶悍，半夜和民眾用水泥堵死工廠大門，斷他生產線；白天該圍廠的來圍廠，該上班的去上班，夜以繼日，都有人輪值偵伺。張昭鼎、黃提源、李昭仁三位教授站上水源里靈安宮前的台階，輪流演講抗議李長榮化學公害，在當時可說是極具突破性的行動，也促成隔年新竹公害防治協會的成立。別忘了當時還有戒嚴令，只因為他們是受尊敬的教授，加以清華、交大、新竹師院共有三百五十五位教授聯名寫信給行政院院長俞國華，其中絕大部分具有國民黨籍，所以警察來了束手無策，警備總部也不敢有動作。經過一年多的抗爭後，終於促使工廠停工，這是環保運動的一次巨大成就。

抗議、衝突等等激烈手段實在是不得已，因為政府遲遲不肯敕令李長榮停工，人民只好自力救濟。張昭鼎等人並不是要造反，而是主張在憲法的保障之下，人民至少應該有一個安全的生活環境；可惜環保和經濟不能兼顧而發生衝突時，獲勝的通常是經濟；即使環保一時獲勝，往往也是暫時的。在資本主義當道的時代，這彷彿是常態；然而在四十年前竟有那麼多學者聯名上書，而張昭鼎、黃提源、劉兆玄等人挺身出面堅持抗爭，這在台灣公害防治史上，可真是重要的一頁。

張昭鼎曾嘆氣說：三十幾年來，清華大學在新竹市就像租界地，和地方毫無關係似的，有如美國的哈佛大學，師生都被當地居民視為外地人。張昭鼎自己是清大校友，又成了清大教授，亟思為社區做出一點貢獻。這次環保抗爭中他和其他教授的努力，讓附近居民逐漸認識到，清大是眾人的寶庫，而非少數人的象牙塔。原本居民覺得清大的高階知識分子和新竹地方脫節，但經過這次抗爭李長榮化工廠的事件，幫助了弱勢（尤其是眷村）的居民。從此解除了地方居民對清大教授總是高高在上的誤解，將清大與在地緊密結合(註)。

註　作者按：關於社會運動與環境保護等資料，取材自傅大為教授對張昭鼎的資料整理與結案報告〈張昭鼎：紮根在自己土地上的科學家〉，此報告為傅大為主持，羅志誠、洪萍凰共同整理，從一九五〇年代到一九九〇年代的歷史、政治、社會變遷等重要事件皆置於此報告中，使讀者能從更宏觀的角度，去瞭解張昭鼎的一生。而黃提源教授也熱心提供許多環保運動的資料，在此誌謝。

第三節　推展科普教育以帶動社會進步

從《科學月刊》的走向與發揮的功能就可以看得出來，張昭鼎最在乎的，是台灣科學教育的紮根與推廣。因為教育是國家的軟實力，需要長年累月的時間培養。他經歷日治、以及台灣島內一黨專政的恐怖鬥爭，曾經和朋友們說，大家一定要讓國際看見我們在科學上的努力，提升台灣的能見度；他也有感於日本對台灣所做的基礎教育、基礎建設；他認為日本人對台灣人固然是不公平，但從正面看，也引進了法律觀念，有助於開發民智；也能迅速翻譯世界各國的新知，讓台灣人見識世界滾滾思潮的衝擊。張昭鼎認為台灣人要出頭，那麼自己必得爭氣，從各方面去努力；這是他們那一輩年輕人的抱負。

張昭鼎、李登輝、李遠哲三人共有相同的歷史經驗，惺惺相惜；擁有社會地位後相互影響。一九八六年，張昭鼎介紹李遠哲給李登輝認識，說這個人可能獲得諾貝爾獎。七月介紹，十月就拿獎了，真為台灣人爭光。這時張昭鼎一面籌備原分所，一面勸李遠哲回台灣，兩人一起為台灣努力。

張昭鼎是李登輝的科技顧問。大陸逐漸開放後，兩人常常見面討論日本和大陸的科技情況，往往半小時的會談欲罷不能而展延至兩小時。每次李遠哲回國，張昭鼎也總會帶他拜會李總統。三人於政治、科技無所不聊。據悉，二二八事件政府處理態度(註)、及有關核能發展這些敏感而棘手的問題，都曾是三人會談內容，也多少對未來的發展有所影響。一九八九年，吳茂昆教授回臺灣執教，李登輝要來清大拜訪，來之前還特地問張昭鼎高溫超導是什麼東西？後來廖俊臣教授親眼看到，張昭鼎買了最新出版的高溫超導體日文書給李登輝看。李登輝驚覺日本前後不到三個月，便譯好國際新知，速度之快，令人咋舌。遂下定決心，指示國科會努力培育日文人才，並且大力獎掖相關的科學研究，在此，張昭鼎可謂功不可沒。

而張昭鼎和李遠哲從少年到壯年，有始終不變的共同心願，即是打造一個和平穩定、公平正義的社會。現在有機會了，不妨攜手合作，勇敢前行。於是，努力奉獻的張昭鼎，支持科學教育的李登輝，熟知國際科學狀況的李遠哲，結合成為台灣進步的重要動能。

一九八九年《科學月刊》改組為學術社團，擔任社長的張昭鼎主辦過兩次民間科技研討會：一九九一年舉辦「科技與本土——第一屆民間科技研討會」，隔年辦

註　一九九五年的時候李登輝正是國民黨政府的總統。他也就在那年，公開代表政府，向二二八受難者及其家屬道歉，而且成立了二二八紀念碑，把新公園改名二二八和平公園，還主導立法院通過了受難者補償條例。這是前幾任總統從未做到的事。

「科學教育——迎接二十一世紀的科技台灣」。提供政府許多科技發展的建言，而且吸引大批民眾參與，成果豐碩。以他的地位，甚至願意多次親自率領高中學生出國參加奧林匹克競賽；或策劃中學生科學營。只要對台灣科技發展與人才培育有助益，事不分大小，必躬親之。周成功教授回憶，他最後一次見到張昭鼎，居然是在大甲天帝教道場進行科學演講！看到那有趣的對比場面，讓周成功十分感動：為了台灣的科學教育，張老師實在是鞠躬盡瘁。

除了在民間大力推展科學教育外，張昭鼎身在學院，對於大學教育更有一番期許。一九九三年，清大、台大都有一些教授分別連署推薦他競選兩校校長。他本以健康狀況不佳為由謝絕；後來住進台大醫院時，李鎮源醫師又來勸進，說氣喘不是問題，只要好好控制就行。張昭鼎這才首肯，就在醫院裡寫下治校願景，提出了改進高等教育的具體看法。不料還等不及進入遴選程序，四月下旬張昭鼎就在新竹病發而逝。徒留一篇高瞻遠矚的治校願景令人嘆惋。茲簡述如下：

> 二十幾年來，高等教育在硬體設備上的擴充有目共睹，但是，將有限的資源平均分配以求形式公平，其實是最大的資源浪費，是極不負責任的

作法。況且教育當局懶於擺脫長期僵化與制式的規範，教學與理論、實用與研究常常無法彼此協助，而「不出版就完蛋」（publish or perish）對學者的壓力與焦慮又加重了這一問題的複雜性，如何解決，需要大家共同思考。

在教學上，大一、大二應該只分類別而不分系，讓學生有機會接觸不同類型的學問，如此對人格形成期的青年人有極大好處；甚至傳統取法於十九世紀德國、日本的分院制度也可再考量，以期更符合本國需要。在台大，也可以考慮創立跨科系的綜合性研究中心，涵蓋生物、行為科學、計算機科學，甚至神經科學等領域，共同探討錯綜複雜的社會現象，乃至人的認知過程等等，以帶動科技整合。

最後，在行政管理與技術支援上也必須改進，由專職人員任總務管理職，不必由教授兼任，並加強各系所之間的橫向聯繫，避免資源的浪費，以期最終能在國際學術地位、學生教育品質方面都達到卓越的境界[註]。

註　以上摘錄、改寫自張昭鼎，〈我對台大的一些看法〉，原為參加台大校長遴選時所發表，現收於《惜別大家的張昭鼎》，頁135。

張昭鼎終生在科學教育的園地辛勤耕耘，除了實際投入教學研究，辦雜誌、辦民間研討會以培育科學種苗之外；對於高等教育更有盱衡全局的眼光，和通盤考量的遠見，由上列的治校願景就可見一斑；可惜的是，壯志未酬身先死！

第四節　人生的餘暉與張昭鼎紀念基金會的誕生

張昭鼎的生命可說是臺灣二十世紀歷史演進的縮影，窮苦人力爭上游的故事。當時歸國貢獻所學的學者，大都秉持愛國心，滿懷抱負理想，在在都是青年典範。

回顧張昭鼎的一生：無論是投身科學教育，關懷弱勢團體，在學校在社會，他都認真做自己該做的事，公而忘私，毫無保留。可說學不厭，教不倦；活力十足，充滿企圖心；立志做大事，而且「力行近乎仁」。幾十年間，他不斷地燃燒自己，到生命的最後幾年，身體已然大不如前，但他仍像電影《阿甘正傳》中的主角，每天要跑十公里，風雨無阻，可能也因此而惡化了氣喘病情。他常戲言：「我死的時候要放貝多芬『英雄』給我聽！」或者「唉，我活六十就好，人活不久沒關係，但對社會要有貢獻，要活得有意義，沒有白走一遭。」一語成讖，竟然不到六十歲就走了。悲夫！然而他所做大大小小的事情，正如滿天燦爛的的星斗，讓我們窺見他心中浩瀚的宇宙。

一九九一年之後，張昭鼎背包裡都放著氧氣筒以備氣喘發作之用，但等著他做的事情還有很多很多。台大醫生覺得他永遠都在外奔波，便直接把藥給他，緊急時可以自己注射；然而，藥裡面含有類固醇，支氣管擴張劑也有類固醇，藥效固然很強，但副作用也強，使他臉越來越圓胖浮腫。一、兩年的時間，張昭鼎氣喘發作的頻率越來越高，一次比一次嚴重，身體健康每下愈況。

一九九三年四月二十四日，星期六的凌晨四點，張昭鼎嚴重發病，緊急送到當時的新竹省立醫院；急診室裡一時聯絡不上主治醫師，駐院醫師急救失敗，就這樣張昭鼎於清晨五時許，不治逝世。

事情變化得太快，一兩個小時之間就天人永隔。面對這樣的結局，家屬情何以堪，實在無法接受，不免對醫院的夜間醫療品質大大質疑：夜間急診居然只有兩名年輕的駐院醫師撐大局，請護士聯絡主治醫師竟然推說不知電話號碼。一直到手忙腳亂的年輕醫師為病人插管失敗還不見主治醫師的蹤影，而病人已經停止心跳了；此刻即便大醫師出現也已回天乏術；全程陪侍而焦慮不堪的家屬，對此當然滿懷疑惑與憤怒。便透過民意代表向醫院提出抗議與強烈質疑。事後，當晚值班的駐院醫師在當時立法委員謝啟大陪同下，親至張家說明，並表達歉意。而醫病雙方也召開公聽會，由張昭鼎的親友乃至關心醫療品質的各界人士，向醫院代表提出各種疑問及建議；院方也具體回應，願改善夜間診療的缺失：包括增派資深駐院醫師值班、加強與主治醫師聯繫、增加急診室人力……等，以求避免悲劇再發生。

可說因為張昭鼎的死，強化了新竹醫院的醫療品質，讓醫護人員的態度改善，提升了病患的生命安全和家屬的心理保障。亡者已矣，卻嘉惠了後人，這恐怕也是他始料未及的一種「貢獻」吧！

是天意吧？新竹從生活到醫療都不太方便，張昭鼎平常都在台北，那個週末回家，不幸身體出狀況，不幸發病在半夜，不幸遇上欠缺經驗的年輕駐院醫生……種種「不幸」，合為傷心事。本來張昭鼎當天還約了黃榮村教授要談事情，怎料到竟讓對方空等（註）。

張昭鼎教授畢生熱愛國家鄉土，堅守自己的信念，台灣意識就是他的信仰，他知道自己要做什麼，不要做什麼；也知道什麼應做，什麼不應做。他的過世，不僅使國家失去一位尖端科學家，一位有遠見、有胸襟的學者；更失去一位有愛心、有

註　一九九三年四月二十三日（星期五）晚上，剛卸任行政院院長不久的郝柏村應台大學生會之邀到舊活動中心演講，張昭鼎那時已在積極籌備位於台大校總區的中研院原分所，也受朋友鼓勵參加台大史上第一次校長開放遴選，因此特別關心在台大發生的大事。黃榮村則因在一九九〇年五月的反軍人組閣行動中擔任總協調，因此張昭鼎特別約黃榮村四月二十三日晚上七點到活動中心大禮堂，聽聽郝柏村演講的內容。結果那天晚上黃榮村久等不到，那時也無手機可以聯絡，直到隔天才得知他前晚身體不適，晚上急診星期六就過世的消息。人生之無常與難測，莫此為甚！

熱情的社會導師。張昭鼎來不及完成他所有的心願，就過世了。不然還有更多的事等著他去做，他可能會是原分所所長、清大校長、台大校長，誰知道呢？但，在天上的他可能毫不在乎，也可能只會嘆口氣說：可惜沒當上，不然可以奉獻更多。

五月十一日的告別式上，各界的風雲人物都來致哀，不分黨派，不分親疏，產學政經各界，都來送他們心中可敬的張教授最後一程。吳大猷、沈君山教授盡力協助辦理後事。中研院院士李鎮源、民進黨總召集人施明德、國防部長孫震、考試院長毛高文都出席致哀，行政院長連戰也派員致意；台教會對張昭鼎過世覺得又惋惜又難過，敬佩他的公正以及對台教會的支持，也在會員大會時全體起立默哀……張昭鼎身後，可說備極哀榮。

至今哲人已歿雖經廿年，然而典範猶新。影響所及，以張教授名義推動的諸多學術研討會與科學教育活動，年年舉辦，嘉惠許多學者與青少年學子。

中研院原分所為了紀念這位竭盡心力的奠基者，特別成立「張昭鼎紀念講堂」，展示銅像、照片、手稿，以供眾人瞻仰緬懷；並於講堂內定期舉辦各項科學研討會。

清大化學系則在隨後成立的基金會委託贊助之下，年年主辦「張昭鼎紀念講座」之甄選，以獎掖在科學各領域有特殊貢獻的科學家。

不論教育改革、社會運動、環保運動、民主運動、科學建設……種種與台灣命

▸ 座落於台大校園內中研院原子與分子研究所的紀念銅像

運相關的重大行動，張昭鼎有生之日都以行動支援。人脈廣人緣好的他，可說是這些領域傑出人物的最大公約數：因為「大家都認識張昭鼎」。透過這一層互信關係，大家好像早就是朋友，合作起來也便利許多，總能順利推動各項事務。這樣的「人和」終於凝聚為成立紀念基金會的共識。由李遠哲出面籌備；李登輝總統捐贈著作《經營大台灣》的版稅；眾多親友學生爭相捐款，以及和張昭鼎友好的企業家們慷慨解囊之下，「張昭鼎紀念基金會」水到渠成了。基金會的宗旨除了鼓勵學術研究、獎掖研究有成的科學家之外；最大的重心還在推展國中、小科技及心靈教育，讓科學求知精神和正確價值觀紮根於青少年心中，以期科學教育能有更全面的提昇，培育更多科學的種子以厚植國力；這也就是張昭鼎一生在教育方面所致力的目標。

以基金會舉辦的國中小科學營為例，目的在啟發孩子，使他們產生對科學的興趣。由於講師都是中研院或台大教授，講授科技各領域的尖端概念，深入淺出，內容充實、有趣，每次報名人數總是爆滿。為了搶名額，有人甚至勞煩家裡早起的老人家清晨四點來排隊。而新竹在地的野鳥保護協會也和張昭鼎基金會合作，帶小朋友到新豐山上，教孩子野外求生，認識自然植物。最後，因為張昭鼎熱愛古典音樂、藝術歌曲，基金會固定每年舉辦一場紀念音樂會，邀請音樂家演出，以饗各界人士。

另外，像吳劍森董事雖然從事建設工作，但受張昭鼎精神的感召，也與台灣醫

▸《經營大台灣》版稅捐贈典禮

學會合作，辦理生物科技研習營，曾邀請多名醫學院院長、醫師、學者進行專題演說，他的熱忱與努力，讓此項活動成為全國場面最大、參加人數最多的科教活動，吸引超過三千名的學員參加，場面動人。基金會也深入偏鄉，長期與清華大學傅麗玉教授攜手，採用原住民生活科技為教材，專注於原住民科學教育的扎根工作。總之，基金會關懷的對象遍及台灣的科學、教育、文化、藝術、社會各層面，而以實際的行動持續踐履張昭鼎教授生前未竟的心願。

基金會以李遠哲院長為名譽董事長，廖俊臣教授為董事長，董事共十五人，加上張敏超執行長，率領志工們年年付出心力，推動各項活動；而做為基金會顧問的二十餘位企業家，每年固定捐款，讓基金會的活動經費不虞匱乏而得以順利推動。

基金會除了一位秘書支領半薪之外，所有工作人員都是志工，非但不支薪，許多人還出錢出力，主動把知識、物資送進偏遠地區。比方說曾受教於張昭鼎的新竹教育大學理學院黃鑑玉院長，他會親自開車帶著學生上山，自掏腰包幫山上小孩辦活動；也會訓練竹師的學生到山上服務，帶給弱勢孩子快樂。大家都想著怎麼樣把基金會辦好，完成老師生前以教育改善社會的志願。以前是張一個人默默做，現在擴展到朋友學生幫忙做，大家都是張昭鼎。

張昭鼎基金會，正代表了張昭鼎的精神、關懷，以及力量。黃榮村教授在〈張昭鼎教授紀念基金會之設置意義〉一文中深切期許：

透過這個基金會，可以設計並推動一系列的活動，而在此活動中得以深入體會故人活潑、永遠向未來瞭望的精神。在這些系列活動的過程中，也可更瞭解並分享其一輩子從事這類活動的意義、興奮與挫折。我們也應該透過這個紀念基金會，來延續張昭鼎教授念茲在茲的人才培育工作。科學家與知識份子的養成過程中，常需要及時的觸媒，張教授在過去一生中以其光與熱，無怨無悔的培育年輕人，這種珍貴的奉獻精神，更希望能藉著紀念基金會的設立來予以延續、予以發揚，並藉此而播下更多的種子。

尾聲

一次張昭鼎紀念音樂會中，和張昭鼎在台大的同窗好友黃昭淵教授，聽見台上男中音唱起〈菩提樹〉(註)，那是他們兒時用日文學過的歌曲，神思恍惚之中不自覺地想邀張昭鼎一起輕輕哼唱，一轉頭，看見旁座空空的，這才意識到張昭鼎已經走了，不禁淚流滿面……

彷彿像今天一樣　我流浪到深更
我在黑暗中經過　什麼都看不清
依稀聽到那樹枝　對我簌簌作聲
朋友來到我這裡　你來找求安靜
你來找求安靜

註　舒伯特作曲，穆勒做詞的著名德語藝術歌曲，為「冬之旅」二十四首連篇歌曲中的一首。日本明治維新後，開始現代化教育，在音樂教育上引進許多西方藝術歌曲，〈菩提樹〉便是其中之一。由日人近藤朔風翻譯的〈菩提樹〉歌詞，也被日據時代的台灣人演唱。

精彩燃燒一生的張昭鼎，已經安息於大地懷抱，人間的重擔已然卸下，但他的理想卻仍然飄盪風中，在林間徘徊低語。和這相應的，是他生前播下的種子，一顆顆努力突破安靜的泥土，正在抽芽、茁壯的聲音。

這一切的一切，詩人林和如此讚頌——

一粒種子睡著了
他的夢想
要到遠方流浪

終於
昇起一棵樹
當春天的大手翻動
波狀葉緣
我們會重新相晤
那溫暖的微笑

兒童科學研習營

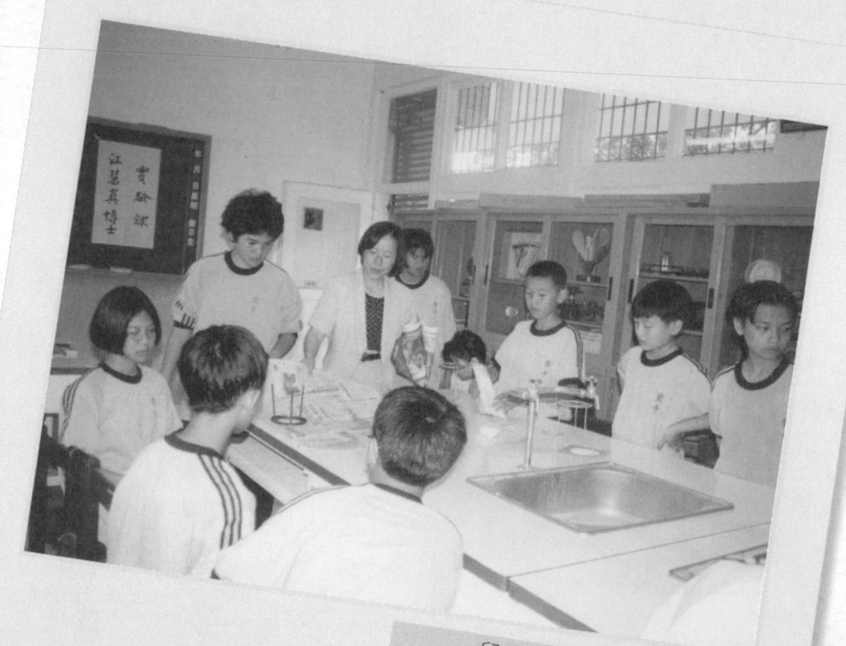

兒童科學研習營

贊助虎林國中邀請台師大曾治乾教授作新能源教材試教

在清華大學教育館舉行「國中生科技與生活（STS）」活動營檢討會

國高中科學巡迴演講

國高中科學巡迴演講

基金會贊助「關懷身心障礙者園遊會」

偏遠地區國小科學教育提昇計畫

張昭鼎紀念基金會八十七年度第二次董事會

張昭鼎紀念學術研討會

張昭鼎紀念音樂會

張昭鼎紀念音樂會

國中科學教育經驗分享計畫

第七屆 「張昭鼎教授紀念講座」
廖俊臣董事長頒獎給得獎者翁啟惠教授（右一）

第十四屆「張昭鼎教授紀念講座」
廖俊臣董事長頒獎給得獎者陳長謙院士（右一）

第十五屆「張昭鼎教授紀念講座」得獎者鄭建鴻教授（左三）

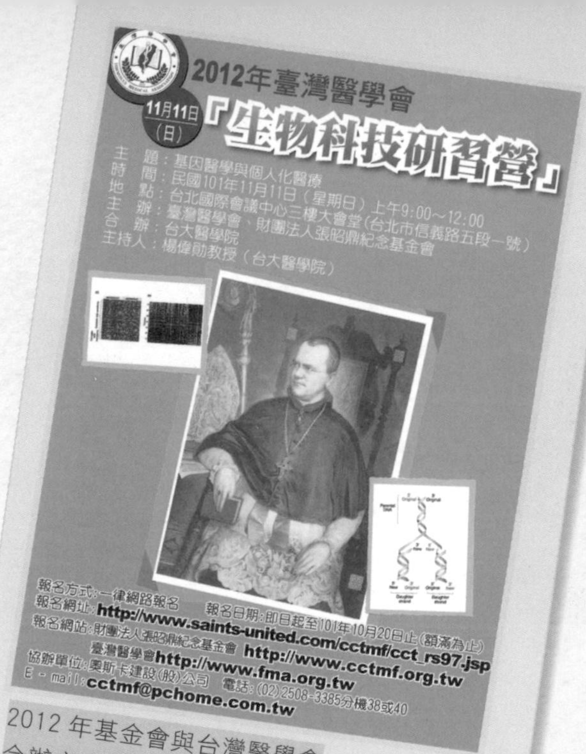

2012 年基金會與台灣醫學會合辦之生物科技營海報

2012 年生物科技研習營活動現場

居禮夫人高中化學營

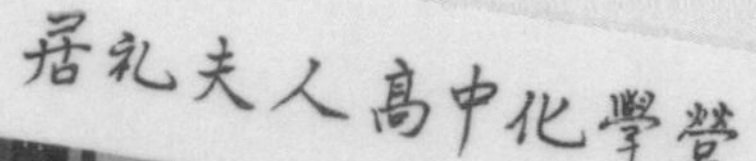

居禮夫人高中化學營

後記

林銘亮

生命歷史的全貌，要從書寫之後才成形。

關於張昭鼎教授生平的書寫，歷時之長，上溯清代康熙年間，下啟二十一新世紀；輻員之廣，東跨台灣仕紳，西至德國曼因茲。每一則聽聞，每一則資料，都是我的時光機，帶我回到過去；過去卻是碎裂不定的，需要更多的口語傳述以及文字資料，讓概念變具體，讓印象更鮮明。

最初拿到的，是傅大為教授主持的「張昭鼎教授文件資料整理計畫」，包括了複印的信件、研究論文、開會記錄、以及傅大為教授與執行助理羅志誠、洪萍凰的綜合報告。閱讀之後有了初步的概念。然而，裡頭縱有許多時代大事紀，卻總覺得看不見張昭鼎的靈魂，也感覺不到他如何的活在那樣的時代中。我們所謂的歷史，其實是張昭鼎的時時刻刻，是他具體面對的生活；如今在硬梆梆的資料中該當揉入多少的血肉，才能為他塑造一尊真實的形象？我和張教授的子女親人見了面，先不談他在國家社會上的貢獻，反而聊聊他的軼聞、家族故事，彼此拼湊回憶，大家都發現一些從前未知之事。但是，昔人日已遠，大家隔霧看花，仍然難辨其色；這項立傳的工作可真不容易下手啊！

後來與一位先生的談話，讓我心態有了轉變。

那是一個下著雨的夜晚，立奇開車，接我往瑛芝家會晤剛自法國回來的張宗鼎先生——張昭鼎的兄長。那個晚上宗鼎先生從父祖輩談起，自述二次世界大戰時兄弟們的生活，與自己流亡海外的經歷。看著這位八旬老者回憶的眼神，聽他閩南語、英文、法文、中文交錯，語音流轉，時光倒迴，我彷彿回到了那個苦難的時代，看見在最壞的廢墟中最強壯的意志。我慨嘆：「豈容青史盡成灰」！這本書，再難也非寫不可了。

寫作期間，承蒙林秀燕老師不厭其煩，一再修正，數易此稿；千言萬語難盡謝意。張昭鼎基金會也幫了大忙，例如聯絡義美公司葉俊宏與我合作，增強了採訪的能動力；又借用原分所內張昭鼎紀念講堂，邀集若干張門弟子諸賢先進，在此追溯張昭鼎生前點點滴滴與我分享。一次又一次的採訪之後，我似乎真能聽見張昭鼎正在雄辯滔滔；感覺他厚實的手掌親切地拍在肩上；也彷彿看見他站在起跑線上，踮起腳跟，準備再衝向下一個目標。

傳記終於完稿，但是張昭鼎帶給我的衝擊，久久未能平息：時代高速旋轉變動，有許多人莫名所以的擦傷瘀血乃至犧牲；有許多人無奈的停下腳步；但張昭鼎始終能抬頭望向既定的星辰，以智者和勇者的風範續航，至死方休。他以理想的浪漫情懷，以及對大地人類永不止息的愛，跨越了歷史的風暴，擺脫了時代的桎梏。

在變動的時代，張昭鼎為自己的生命寫下動人的史頁。後生如我，受任編撰張教授傳記，既未親及那個時代的風雲，雖有眾多耆老及先進相助，猶仍惶恐於無法完整描繪張教授的生命形象。幸得李遠哲院長、黃榮村校長二位尊長，憑藉與張教授數十年深切的相知為作序言，不啻是幫本書點睛；又在張教授家人親朋商議後，以「變動時代的知識份子」標題本書，給予張教授的人生一個言簡意賅的按語。至此本書才得以完整的面貌呈現給大家。

要感謝的人很多，尤其感謝張教授以及諸多同質的知識份子——逝者已矣，生者仍擎舉知識與愛的火把，為大地的孩子照亮未來。

年表

一九三四年——●7月8日出生於屏東（1937年中日戰爭開始）

一九三八年——●父張士昆先生年四十病歿

一九四〇年——●入屏東市立北區仁愛國民學校（1941年太平洋戰爭爆發）（1945年二次大戰結束）

一九四七年——●小學畢業，考入屏東中學（1949年國民黨撤離大陸來台）

一九五〇年——●初中畢業，赴台北就讀建國中學夜校，並在台大擔任工友，圖書館管理員等職

一九五三年——●高中畢業，以第一志願考取台大化學系，曾追隨潘貫教授；在學期間結識李遠哲等志同道合的朋友，共同研讀化學書籍

一九五七年——●大學畢業，入清華大學原子科學研究所（服國防役，屬陸軍工兵）；研究期間並在新竹中學兼課

一九五九年——●母沈金倉女士歿，享年五十八歲；獲清華大學碩士學位，留校擔任講師

一九六〇年四月——●獲聯合國國際原子能總署獎學金，赴日本原子力研究所擔任研修員

一九六一年——●返台，任清華大學原子科學研究所講師；從事碘－131製造過程之研發

一九六三年十月——●與洪麗嫣女士結婚

一九六四年——●獲宏博（Humboldt）獎學金赴德國曼因茲（Mainz）馬克斯－普朗克研究所（Max-Planck-Institut für Chemie）進修，師事范克（H. Wänke）教授，利用鋁－26及鈹－10同位素研究鐵隕石之宇宙線照射（exposure）年齡

一九六五年一月——●長女寧芝出生

一九六六年——●獲博士學位，留在普朗克研究所擔任博士後研究員

一九六八年二月——●返回清華大學，擔任清華大學化學系副教授

一九六八年十二月——●次女瑛芝出生

一九六九年——●擔任中山科學院核能研究所兼任研究員（1970～79年擔任無機化學組主任）

一九七〇年——●升等為教授，並獲選第八屆十大傑出青年

●台北市科學出版事業基金會創立時，擔任其董事，並任科學月刊社之編輯委員

一九七三年——●長子立奇出生

●任科學出版事業基金會董事長（1973～1993）

一九七七年——●購買台北雲和街公寓，低價租給科學月刊社做辦公室（1977.2～1982.10）

●任科學月刊輪值總編輯（1977.8～1977.10）

一九七八年——●主持尊親科學文化教育基金會辦理第一屆科學才能少年選拔

一九七九年——●任清華大學化學系主任（1979.8～1982.7）

●台北撫遠街大爆炸後，與雷敏宏編製《化學災害手冊》，由科月社出版，供各界參考，以防範化學品災害

一九八〇年——●辭核能所兼職

一九八二年——●任中央研究院原子分子科學研究所籌備處主任

一九八四年——●續任科學出版事業基金會變更登記後之第二屆董事會董事長（1984～1993）

一九八六年——●原分所大樓落成，遷入新館

●成立新竹市公害防治協會，首次結合清大、交大教授與地方民眾的力量，共同抗爭李長榮化工廠污染事件

一九八七年——●接洽信誼基金會，借用永豐大樓房間供基金會及科月使用（1987.3～1990.10）

一九八八年——●促成信誼基金會與中國化學會合作編印「化學元素週期表」掛圖；邀請科學月刊原始發起人林孝信回國；籌組清華大學教授聯誼會，並擔任第一、二屆會長

一九八九年——●被科學月刊社改組所成之學術社團的社員選為社長

●邀請李遠哲、林孝信等參加慶祝科學月刊二十週年紀念活動

一九九〇年——●擔任台北縣政府憲政諮詢顧問率台灣清大教授代表訪問北京清華大學

一九九一年——●邀請張榮發基金會國家政策研究中心與科學月刊社合辦第一屆民間科技研討會：「科技與本土」

●因感冒藥誘發氣喘第一次發作；5月進入台大醫院治療三星期，醫生囑咐要靜養，並少說話；其後曾多次發作；應中國核學會之邀，赴大陸參加有關原子能之學術研討會

一九九三年一月——●邀請信誼基金會及科學教育學會與科學月刊社合辦第二屆民間科技研討會：「科學教育迎接二十一世紀的科技台灣」

四月二十四日●清晨氣喘發作，四時經家人送往省立新竹醫院急救，五時不治逝世

國家圖書館出版品預行編目資料

李遠哲最敬愛的朋友張昭鼎的一生 / 林銘亮著.
-- 初版. -- 臺北市 : 前衛, 2014.11
208面 ; 14.5×20.5公分
ISBN 978-957-801-756-6(平裝)
1.張昭鼎 2.臺灣傳記

783.3886 103021371

李遠哲最敬愛的朋友：張昭鼎的一生

著　　者 林銘亮
校　　訂 林秀燕
主　　編 葉俊宏
策　　劃 財團法人張昭鼎紀念基金會
新竹市光復路2段101號清華大學研發大樓2F
郵政信箱：新竹市郵政2-55號信箱
Tel: 03-573-5237 Fax: 03-573-5271
E-mail: cctmf@ms45.hinet.net
http://www.cctmf.org.tw
出 版 者 前衛出版社
10468 台北市中山區農安街153號4F之3
Tel: 02-25865708 Fax: 02-25863758
郵撥帳號：05625551
E-mail: a4791@ms15.hinet.net
http://www.avanguard.com.tw
總 經 銷 紅螞蟻圖書有限公司
台北市內湖舊宗路二段121巷19號
Tel: 02-27953656 Fax: 02-27954100
出版日期 2014年11月初版一刷

定　　價 新台幣300元

Printed in Taiwan ISBN 978-957-801-756-6